Skizzen in Niedersachsen & Bremen
～伝統が今も、日々の生活に活きている

Göttingen　夏祭りの伝統衣装　S.149

Oerel　1,000年の教会　S.192

上 Celle　師走 S.156,　　下左 Krempe　旧市役所 S.164,　　下右 Apen　熟成生ハム　S.180

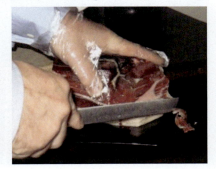

Syke　歯医者さんとお住まい　S.166　　　Nordenham　古式新築住宅群　S.168

Worpswede　芸術村の伝統レストラン　S.150　　Bad Bederkesa　現在は博物館　S.152
下左 Worpswede　散歩道　S.150　　　　下右 Wilhelmshaven（現役の可動橋）S.162

Bremen
　　S. 184

冬将軍到来
でも
待ちに待った
歓びの季節
Engel の歌声
高速メリー
　ゴーラウンド

Leer　家庭でお茶を　S. 170　　　　Bremen　高名な Schnoor 裏通り　S.184
Cuxhaven　ヒラメのムニエル　S. 158　　Nordenham 土地のお店でお買い物　S.168

〜 世代を超えて　　人も通りも建物も
Wolfenbüttel　挙式〜古城にて　S.174

Krempe
裏通り S.164

Sögel
旧牛舎は学校
に　S.178

右下 Wildeshausen 学童の集い　S.182

Nordenham
マドロスさん
S.168

増補新版

ドンと来い分離動詞
会話術虎の巻 うんちく がんちく 53

新章：
Niedersachsen
北海間近
小故郷を探す旅

ふろく：合成の妙 ― einander あれこれ
　　　　微妙な気持ちをはんなりと 他

駿河台ドイツ語工房　渡水 久雄

Vorwort　　　再び、福読本にようこそ！
Nochmals herzlich willkommen zur Glücks-Zusatz-Lektüre

言葉はコミュニケーションの一番の道具。
Wörter sind das wichtigste Mittel zur Kommunikation.
ドイツ語圏にいる時にはどこの国の誰とでもドイツ語で会話を楽しみましょう。
Wenn Sie im deutschsprachigen Raum sind, sollten Sie mit allen Menschen dort,
egal aus welchem Land sie stammen, ein deutschsprachiges Gespräch genießen.
「そうは言っても、、、」と引っ込み思案にならないで、先ずは話し掛けましょう。
Seien Sie nicht mit einem „Aber das kann man doch nicht…." zurückhaltend,
sondern sprechen Sie einfach die Leute an.
そのためにも「ドイツ語は難しい」という先入観を何とか解消したい、との想いから
『ドンと来い分離動詞』が 2014 年秋に生れて４年。
Zu diesem Zweck möchte ich mit dem Vorurteil „Deutsch ist sehr
schwierig" aufräumen, und mit diesem Vorsatz ist das Buch „Los, kommt doch ihr
trennbaren Verben" vor vier Jahren im Herbst 2014 ins Leben gerufen worden.
多くの方々にお読みいただき、「異色。今までの参考書と違う」「軽妙な語り口で、分
かりやすく楽しく読ませる」など、望外の嬉しい書評も寄せられました。
Viele Leute haben dieses Buch gelesen und von vielen Leuten habe ich folgende
Kommentare bekommen: „ Ganz anders als ich es bisher kannte. Dieses Buch
unterscheidet sich von den anderen Zusatzlektüren." „Das Buch ist leicht
geschrieben und einfach und lustig zu lesen" u.a.Das waren für mich unerwartete
und erfreuliche Kommentare.
「日本で一番読者に身近なドイツ語参考書を目指したい」そんな気持ちがおかげさま
で空回りせずに、「５合目近くまで辿り着けたかいな」と、自分勝手に一先ず胸を撫
で下ろすことが出来ました。
Es war mein Ziel eine Zusatzlektüre für Deutsch zu schreiben, die für japanische
Deutschlerner am geeignesten ist, und dank dieses Vorsatzes habe ich ohne
Umwege die fünfte Station bis zum Gipfel des Fuji-Berges, der zehn Stationen
hat,　zu diesem Ziel erklommen.　Herzlichen Dank!
発行後、かのＷ氏は４ Semester を Bremen 大学地理学科生として過ごす傍ら、その
『うんちく・がんちく』欄を『会話術虎の巻＆ドイツ語馴染み術』に仕立て上げ、ド
イツ語を普段着のように着こなす一助にしたいと、教授、学生、留学生、ビール職
人、友人たちの協力を得、目からうろこ級ネタの収集に勤しんでいたのであります。
持ち前の野次馬根性が「ドンと来い！」と良く働き、これだけで小冊子が出来そうな
勢いでした。
Nachdem das erste Buch erschienen war, habe ich an der Universität Bremen vier
Semester Geographie studiert und während　dieser Zeit die Kolumnen
„Besserwisserei" und „Spickzettel für Gesprächsführung und Gewöhnung an
deutsche Redensarten" weiter ausgebaut, und hoffe, es hilft ins Deutsche wie in
die tägliche Kleidung zu schlüpfen mit Unterstützung und Hilfe der Professoren,
Studenten, Auslandsstudenten, Brauereimeistern　und Freunden, und ich habe
daran mit Leib und Seele gearbeitet, um Themen zu finden, die ihnen die Augen
öffnen.
Meine eigene Neugierde hat sich sehr gut auf das Buch „Kommt schon"ausgewirkt
und schon damit allein könnte man eine kleine Broschüre füllen.

ここに集まった『うんちく・がんちく』を５３か所に散りばめ第２章と名付けました
が、読んで合点し、会話やメールに役立てていただけたら本望です。
53 „Besserwissereien" sind hier verstreut und ich möchte diese als zweites Kapitel
bezeichnen.. Lesen Sie die Besserwissereien und verstehen Sie sie gut! Es ist mein
Herzenswunsch, dass diese Ihnen beim Gespräch und beim Emailen eine Hilfe
sind.
また、第１章の分離動詞については「軽やかに読め、もっと覚え易く！」カイゼンに
努めた他、日頃よくお目に掛かる３基礎動詞が新たに登場。料理好きがどんな風に捌
いたか、お楽しみに。
Darüberhinaus habe ich mich bemüht, im ersten Kapitel zu den trennbaren
Verben der Aufforderung „Es leichter lesbar und einfacher zu merken zu
machen" nachzukommen,und ich habe drei Grundverben, denen man täglich
begegnet, neu hinzugenommen. Freuen Sie sich darauf, wie ich dieses Thema wie
ein Koch in der Küche für Sie zubereitet habe.
第３章では大胆にも『語学参考書』から脱皮し、北ドイツ村町紀行を。
Im dritten Kapitel gibt es ein Kapitel, das sich völlig von der „Zusatzlektüre zur
Linguistik" entpuppt als ein Reisebericht über die norddeutschen Dörfer und
Kleinstädte.
語学学習の先必ずどこかに長年の努力を活かすフィールドが現れるものです。
Wenn man eine Sprache lange Zeit gelernt hat, findet man irgendwann ein Gebiet,
auf dem man seine langjährigen Bemühungen zur Anwendung bringen wird.
W氏は「グローバリズムの跋扈する世の中で、村町がいつまでも胸を張って、人々に
愛される故郷であって欲しい。北ドイツがお手本になりそうだ」と調査研究を志すの
でした。
Für mich war es eine Herzensangelegenheit Feldforschungen anzustellen unter
dem Thema „In Zeiten, in denen die Globalisierung herrscht, sollten die Menschen
auf ihre Dörfer und Städte stolz sein und ihre Heimat lieben. Norddeutschland ist
ein gutes Beispiel dafür".
しかし、あの人柄。
„Na ja, das sieht ihm ähnlich!" werden Sie sagen.
この研究に定番の経済学・行政学といった固い学問は不遜にもさておき、
Niedersachsen 州内の個性あふれる村・町を足掛け３年歩き、土地の空気を肌で感じ
るという地理学徒らしい調査アプローチを取ることに。
Ohne Rücksicht auf die strenge Disziplin der Wirtschafts- oder
Verwaltungswissenschaften habe ich drei Jahre lang Dörfer und Städte besucht,
die ganz besondere Eigenschaften haben, und zwar so wie Geographiestudenten
ihre Forschungen angehen, um ein Gefühl für die Landschaft und ihre Umgebung
hautnah zu entwickeln.
市販のガイド本には取り上げられないけれど、それはそれは魅力的な村町の数々。
Es sind viele Dörfer und Städte dabei, die in den normalen Reiseführern nicht
aufgeführt sind.
ですからさあ、皆様、故郷づくりツアーにこの章で是非ご一緒しましょう！
Lassen Sie uns deshalb gemeinsam eine Tour zur Heimatfindung antreten.
終わりに、御感想・御意見などお寄せ下さるのを【ドンと来い、会虎５３、小故郷】
の３章、そして Frau Calenberg と共に楽しみにお待ちしております。
Zum Schluss freuen sich alle drei Kapitel, aber auch Frau Calenberg und ich
darauf, Ihre Eindrücke und Meinungen zugeschickt zu bekommen.

福読本にようこそ！（『ドンと来い分離動詞』 2014）

　はじめまして。

「ドンと来い！分離動詞」にようこそ。

　かのドイツには温かな会話がない？かのように、教室中文法ばかり飛び交う。空気もコチコチに凍りそうな？授業に弾き飛ばされ、今にも逃げ出しそうなあなた！　この福読本で寛いでくださいな。そうです、この福読本は硬い学問書ではありません。あなたとの楽しい会話です。ドイツの人達だってきっとこんな風に言葉に馴染んで行ったんだろうなとの推理・憶測を巡らせ、日本語が Muttersprache の私自身が頭の隅に一番印象を焼き付けやすかった分離動詞の覚え方を、まずは活〆・とらの巻にしてお伝えしようと。できるだけ物語風に、エッセー風に、笑みがこぼれる解説ができるように心掛けながら。ですから「分離動詞の他にはほとんど収穫なさそうだしねぇ」などと冷たいこと仰らず。読んで下されば、痒いところに手が届き、「瓢箪から駒」柔らか頭で言葉を楽しむコツや、うんちくなどが満載でございますよ。

　２０１３年には、ミュンヘン、ゲッティンゲン、ドレスデンに滞在し、ゲーテインスティテュートを根城に、生きた会話をみっちり仕込んでまいりました。生活の中で学んだ話し方のヒントや、ラジオ、インターネット番組からゲットした表現などをも、生まれも育ちも落語愛好家の乗りで書き止め、あちこちに散りばめて。理屈よりも実技・実演優先をモットーに。言葉って元々そういうものですよね。

「話さなければ始まらない！」そんな明るい老若男女がドンと増えて、先生と生徒が分離せず、ドイツ語会話を楽しむ輪が広まりますように、この福読本がその切掛けになりますようにと願っております。

　そして、皆様には、お読みになってのご感想・ご意見などを、所蔵の分離動詞の数々とはんなり表現を駆使して、もちろん auf Deutsch で、ご意見を nacheinander お寄せいただければ光栄です。

Herzlich Willkommen bei der Glücks- Zusatz-Lektüre

Darf ich mich vorstellen?

Herzlich willkommen beim „Kommt doch her! Ihr trennbaren Verben!"
Als ob es keine herzerwärmende Unterhaltung im Deutschen gäbe, schwirren im
Unterricht nur grammatische Formeln herum.
Du da, der/die sofort fortlaufen willst, geschlagen von einem Unterricht, der so
kalt ist, dass die Luft zu gefrieren scheint. Du solltest diese Glücks-Zusatz-
Lektüre lesen und entspannen, ohne kühl zu sagen: „Außer trennbaren Verben
und Besserwisserei, was kann da schon groß bei herauskommen?"

Wenn Du dieses Buch liest, wirst Du das, was Dich bisher irritierte, lösen
können und Aha-Erlebnisse haben. Es gibt viele Tipps mit denen Du durch
flexibles Denken Freude an der Sprache finden wirst.

Ja, Du hast es erfasst, diese Glücks-Zusatz-Lektüre ist kein streng
wissenschaftliches Buch.Es richtet sich nicht an Gelehrte. Der Zweck dieses
Buches ist, die Art und Weise, wie sich die trennbaren Verben am leichtesten in
einem Winkel meines Gehirns als eines japanischen Muttersprachlers einprägen,
hier als Spickzettel weiterzugeben. Dabei stelle ich mir vor, dass selbst die
Deutschen ihre Sprachkenntnisse in dieser Art und Weise erwerben.. Und zwar
habe ich mir Mühe gegeben, möglichst in Form einer Erzählung oder eines Essays
Erklärungen zu geben, die ein Schmunzeln hervorrufen.

2013 habe ich vier Monate lang in München, Göttingen und Dresden im Goethe-
Institut mein Basislager aufgeschlagen und lebendige Gespräche in mich
aufgenommen. Die Redeweisen, die ich im Alltag erlernte, waren mir dabei ein
Hinweis, aber auch neue Wörter, die ich aus Radiosendungen und
Internetprogrammen aufschnappte, habe ich mir mit der Freude und Leichtigkeit
eines waschechten Fans vom japanischen Wortspiel-Kabarett, auch Rakugo
genannt, aufgeschrieben und habe sie an mehreren Stellen in diesem Buch
angebracht. Mein Motto dabei ist: Statt der Theorie und Gelehrsamkeit ist dem
tatsächlichen Gebrauch der Vorrang zu geben. Ist das nicht das, was Sprache
ausmacht?

Und ich hoffe, dass fröhlich Lernende, ja noch mehr Lehrende in großem Maße
zunehmen, die den Wahlspruch vertreten „Man braucht mit Deutsch gar nicht
erst anzufangen, wenn man es nicht auch selbst redet" und wir damit den Kreis
erweitern, in dem man Freude an Gesprächen auf Deutsch hat.
Und dieses Buch trägt hoffentlich dazu bei.

Es ist mir eine große Ehre, wenn Sie alle diese Glücks-Zusatz-Lektüre lesen und
mir eine Rückmeldung geben, natürlich auf Deutsch und unter Benutzung vieler
trennbarer Verben und Abtönungspartikeln.

????????????????????増補新版????
!!!!!!!!!!!!!!!!!!!!!!!!!!!!!!!!ドンと来い分離動詞!!!!!!!!!!

会話術虎の巻 うんちく がんちく 53

新章： _Niedersachsen_ 北海間近 小故郷を探す旅

付録： 合成の妙 _einander_ あれこれ
微妙な気持ちをはんなりと　他

Ratgeberin
　（ドイツ語語法）　　　　Verena Calenberg 大西
巻頭言独訳　　　　　　　Verena Calenberg 大西
　　　　　　　　　　　　平田　貴子（2014）
　表紙・裏表紙　　　　　高山　みほ
　イラスト　　　　　　　高山　みほ
　写真　　　　　　　　　渡水　久雄

駿河台ドイツ語工房　　　渡水　久雄　　著

目　次

はじめに　　　再び、福読本にようこそ！

第1章　先生, 質問!!　分離動詞って、それでも単語？　　　　　― 2 ―

第1章　その1　分離動詞あれこれ　　　　　　　　　　　　　　― 4 ―
　　　　　　　　　　　～柔らか頭で疑問の波を乗り切ろう。
　　　　　～「前綴りは元ナニモノだった？」と、訊ねると。
　　　　　～　8（7）個の非分離動詞専属前綴り
　　　　　～　今日は分離か、非分離か？　二刀流8剣士

第1章　その2　　　ざっくり解説～発想の転換　　　　　　　― 7 ―
　　　　　「分離動詞とは前綴りと基礎動詞との（一時）合体である！」

第1章　本編　　　　前綴りを冠って変幻自在に！　　　　　　― 9 ―
　　　　　　～アクセントを貰えるだけの値打ちはある。

　　分離動詞：　1　bauen　から　　45　ziehen　まで

コラム（ビール好きのみなさん！！）　　　　　　　　　　　　―128―

非分離動詞のみなさん！！　　　　　　　　　　　　　　　　　―129―

合成の妙　-einander　あれこれ　　　　　　　　　　　　　　―141―

微妙な気持ちをはんなりと　　　　　　　　　　　　　　　　　―142―

第2章　　会話術虎の巻うんちく・がんちく53
　　　　ドイツ語を普段着に～その秘訣を都合53頁に散りばめ

第3章　　北海間近（Niedersachsen）小故郷を探す旅　　　　―148―
　　　　小さいからこそ個性を誇れる村々、町、そして人々
　　　　Worpswede, Bad Bederkesa, Celle, Cuxhaven,
　　　　Brokeloh,　Wilhelmshaven, Krempermarsch,
　　　　Nordenham, Leer, Wolfenbüttel, Sögel,　Apen,
　　　　Geestequelle など
　　　　　　　　　　　　　　　　　　　　　　　　　　　　　―195―

あとがき

別図　Niedersachsen 手書き地図

別表　うんちく・がんちく一覧
　　　　分離動詞の前綴り

参考文献・奥付

1

先生、質問！！

分離動詞って、それでも単語？
単語が別れるなんてねぇ。。。

　　かつてドイツ語に嫌われた私としては、そもそもの自分の怠慢を
さて置き、逆恨みの仇敵を指折り数えて、そのひとつに代名詞や冠
詞の変化と並んで「分離動詞」があるのだった。随分年月が経ち、
それでも未だに恨みが晴れ切らないのでありますが、そろそろ仲直
りしてもいいのではないかと。なだめたりすかしたりするうちに恵
比寿さまのお告げが！「分離だと思うたらいかんのや、くっ付いて
ひとつになるんと違いまっか。いずれ別れるよってに。恋愛みたい
なもんやねん」「ほな、いっそ『協働動詞』とでも呼んでみなはれ」
と乗って来て。かつてドイツ語は難しいと思い込まされた不覚。祖
先が同じ英語では熟語というのを習ったけれどその程度のものじゃ
ないかと安心しよう。

　　前置詞さんが代表を務める「前綴り」組。大勢さん揃ってます
が、どんな前綴りさんと一緒に暮らすようになっても、ご主人様の
生活が一変してしまうような家庭崩壊はまず起こらないのでありま
して、それぞれの意味に大概は元の動詞、ご主人様の目が光ってい
る。なのに「枠構造」とか言って、ひとたび離れ離れになるとこれ
がやけに遠いんだ！近くにいて欲しいのに落ち着く先は離れ小島？
「後綴り」と呼びたいほど忘れた頃にやってくる。その頃には間に
挟まったいくつもの単語やらが文章にいろんな意味を付け加えてく
れているから、前綴り忘れちゃっても十分意味が分かってしまうく
らい。そんなつもりで気楽に別れるっきゃない。元の動詞にちょこ
っと色を添えてやるのがいいところ。その程度に思って間違いじゃ

2

ないよと、一旦は学習者を安心させるのがドイツ語教科書の常。その総論しぶしぶ賛成。

　でもねえ、でもね、稀にむちゃくちゃ意味が変わっちゃって「元の動詞、基礎動詞の意味はいったい何だったの？」と戸惑うこともある。元の意味が消え失せてしまうこともある。（aufhören が最たるものか）

　それでは、一度、ご主人様である基礎動詞を柱にして辞書を再編纂してみましょう。そうすれば、前綴りの役割や、「なぜそうなるの！？」と意味不明だった「分離動詞」様の正体に近づけそう。これはもしや初めての試み !!?? それに、勉強するときに理解しやすく、記憶の歩留まりもアップするのではないか。よし、分離動詞はパズルだ！　解いてみよう、遊んでみよう、と。

　そんな乗りで調査を始めて幾年月。閃かず足止めになったり、ラジオ放送などにヒントをいただいたり、大波を超え、やっと形になりました。今までにないドイツ語福読本を目指すという秘めた目標は、ひとつには分離動詞という暗い？ジャンルを明るく掘り起こしたい。もうひとつは読んで楽しく頭に入る、記憶に残る解説、でしたが、まずはお役に立てるところまで辿り着けたのではないかという確信（犯）。

　みなさん、これでみなさんのヴォカブラは分離動詞だけでもきっと２００アップ（ボーリングのスコアではなく）！　しかも分離動詞が楽しく使える !? 　想像力がたくましくなる。胸を張って快活にドイツ語を話せる。などなどと、いいことづくめ。今日はまだ夢半ばでも、明日があるさと開き直れる。

　と、わたしは自分勝手にのんびりと、幸せに信じているのですが、あなたもきっと大丈夫ですよ！！！

宣伝文句を信じなさい！！！

第１章その１　分離動詞あれこれ
〜柔らか頭で疑問の波を乗り切ろう

1　まずは、

「前綴りが、分離していないときはいつも基礎動詞（本来の動詞）の前に置かれているのはなぜ？」
英語の熟語の配置と違いますよね？　なにか馴染めないなあ、と思いません？
（例えば anfangen だと、an＝前綴り　fangen＝基礎動詞）

　名詞などが幾つも寄り集まって長いひとつの名詞になるのは、これもドイツ語の特色。漢字だと短くて済むしアルファベート表記がそもそも長いのにねえ。日本に生まれてよかった。紙の節約、エコモード。ドイツで出来上がった長大名詞の性は最後の名詞によると決まっている。後ろが主という発想は分離動詞も同じで、前綴りは前、基礎動詞は基礎だから後。名詞の性と発想が同じだから納得。

2　前綴りだって、もともと一つの単語。意味があるわい。

　分離の前綴りは巻末に別表にしてありますが、必ずしもこれで全部でないのはお許しください。ちなみに非分離の前綴りは８個だけ。分離動詞は、英語では時代と共に繁殖して来た熟語と同じと思えばよさそう。普段の会話の場面で、合コンの乗りで盛り上がり、生まれたんじゃないかと。だったら、これからもどしどし新語が生まれると予想もできる。米語から幾つも、「なんじゃこれ？」というほど底抜けに楽しく惚れ惚れする単語をせっせと作り続けているドイツ国民だし。Newcomerin とか　getimet って何？　なぬー？

3 「前綴りは元ナニモノだった？」と、訊ねると。

もう一度、巻末の**別表**を見てください。

　前置詞が大半ということからも、そしてその前綴りが基礎動詞の意味に多かれ少なかれニュアンスを与えることからも、前置詞が単なる「てにをは」ではなくて、独自の意味や機能を色濃く持っているってことがしみじみ分かりますねえ。

　別表を見ていただければ、前綴りというのは前置詞以外にも結構様々だけど、元の意味がそれぞれにちゃーんとあって、基礎動詞をうまく補完している。「わざわざ『分離動詞だ！』と意地を張って一つにならなくっても」と感じるものもあり、前置詞以外の前綴りにそんな傾向が見受けられて。分離動詞に昇格？したおかげで第３の意味に昇華（aufheben）するならばまだしも納得するけれど、前綴りがつかない基礎動詞の意味とじっくり比較してみても、「なんだ、元の基礎動詞と同じ意味のままだわ」と思うことすらある。この福読本で体験あらんことを。

4　8（7）個の非分離動詞専属前綴り

（８個の内、miss を非分離動詞の前綴りとしない説もありまして）

　この８人衆はどんなことが起こっても基礎動詞から絶対別れず固い絆。それもそのはず。一人旅の無宿人には通行手形もアクセントも貰えないずら・・・。悲哀の前綴り。でも、下の８つ以外にはないから全部覚えておける。とは言え、一つの前綴りに一つの意味しかないのなら単語として覚えるにも楽なのに決してさようにあらず。必ず幾つかの候補があって初心者を悩ます。各前綴りが表現する意味に強力に引き寄せられた分かり易い単語は数あると言えど、そうばかりにあらず。そんな時には、夢のような場面を自分勝手に描いて、それぞれに簡単な文を作ってしまいましょう。すると忘れないから不思議です。幻なのにねえ。そこでは後半の「**非分離動詞のみなさん**」の章がきっとお役に立ちます！！

非分離の前綴り８種

　　be　　emp　　ent　　er　　ge　　ver　　zer　　miss

5　今日は分離か、非分離か？　二刀流８剣士

四天王［um　voll　über　unter］

　前綴りと基礎動詞（本来の動詞）とが寄り添ってひとつになった状態だと、保護色で染められたごとく区別付き難し。にもかかわらず全く同じ形で分離・非分離両刀使いというのは、どうも初心者には誤訳誤解誤使用の危険あり。合点が行かずとも誰に抗議をしたものか。ヒアリングの時はアクセントの位置でどちらと区別できるけれど、ほんに厄介者。でも、調査してみるもんだねえ（「調査」と名乗るほどの学術性なし…）。頻繁お目見えにより四天王と名乗る剣士のうち、um では分離派が比較的多いのが例外的・少数派で、多数派の voll　über　unter は大半が非分離動詞を作ることを発見！　非分離動詞、残留派の方が多いのですな。

　「別れて語末に飛んで行ってしまっても意味が分かりやすいから」とか、「たまには忘れられてもいいわ！別れても泣かない！」と言ってくれる基礎動詞（本来の動詞）ならば、「よっ、太っ腹！」と大向こうがかかるところだろうけれども、このことからお分かりのように、どうもそれより「いつも一緒にいたいわ」派に加担することの方がずっと多いということは大発見。

しかし、なぜに非分離の方が多いって、その訳は？曖昧模糊としているところが物理学と違い語学っていうものなんだろうね。また、二刀流８剣士の分離、非分離の見分け方は Goethe-Institut Dresden のスーパー教師、Dr.T 先生によれば…、うんちくがんちくその３４のようになる。お楽しみに。

少数精鋭カルテット［durch　hinter　wider　wieder］

durch は 24:5 で分離派が圧勝。wieder の場合、最も使用頻度の高い wiederholen（繰り返す）だけが非分離動詞で、他は全て分離動詞。逆転して、hinter は 0:4 で、wider は 1:5 で非分離派が圧勝。偏るもんだねえ。片寄って覚えよう。

※数は　Oxford German-dictionary で拾った。

結局：　　分離派(Separatisten?)　um / durch　wieder

　　　　　非分離派（Republikaner?）voll　über　unter / hinter　wider

Bitte, wiederholen Sie !!

第1章その2　ざっくり解説～発想の転換
分離動詞とは、前綴りと基礎動詞の
（一時）合体である！

　「前綴り＋基礎動詞（不定形）＝分離動詞」。辞書を引く時に、普段は前綴りから。でも、今回は、ひとつの基礎動詞が前綴りを冠することでどんな風に意味やニュアンスが変わっていくのか？　あるいは、まるっきり元の意味が飛んでしまっている、ということだってあるやもしれん？　という興味から物語が始まる。

　基礎動詞（本来の動詞）に前綴り（前置詞が多いが）で方向などを加えてやるとどんな影響が出るんだろう？　「なーに、大抵は推測できそう」という安心感。基礎動詞の意味をきちっとつかんでからそれを柱にもう一度前綴りのあれこれを呼び戻してみよう。だからまずは分解、里帰りしていただき、盆明けに職場復帰と。さすれば、前綴りと一体となり結ばれた動詞の行こうとする進路やニュアンスの変貌が浮かび上がる。情景が絵になり断然理解容易になる、と信じて。

　しかしまあ、意地悪なことに、特殊で、理解には一考を要するものが数々ある訳で、そこにこの福読本の存在意義がある、と確信しているわたし。巷にはドイツ語の教科書数々出回り、どれもみな声をそろえて「分離動詞の意味は推測できるから大丈夫、それぞれの単語を暗記するほどの必要はない」と、初心者を安心させてくれる。でも、そんな宣伝文句にだまされてはいけませんよ！
　便利なようで便利でない、前綴りを冠っての変幻自在が始まるのであります。それほど力のある前綴り。そのニュアンスが大事だから、ご主人様の基礎動詞と一緒になっても、アクセントがもらえるのは当然と言えば当然ですよね。
　ではでは、これから一緒に考えてみましょう。「こじつけ・命」の小生に少しばかりお付き合いくださいな。

ところで、無味乾燥・機械的・表分類的に文法の勉強をしがちな私たち。でも文法って法律じゃないものね。単語や熟語、分離動詞だって機械的に出来たんじゃないし、お互いが理解できる単語や熟語、それに語順や、厄介ではあるけれどあのいろいろな変化など、日常生活の中で段々と形が整って今の姿に熟成して来たのでしょう。Verstanden?　そして今があるってこと。だから特に会話は日独共に既存の教科書どおりでは断じてありまっせん！　中でも語順ときたら、思い付くまま気の向くまま？だから、生きた会話では一旦、（いや二旦以上）文法無視がまかり通ります。無視も何も、文法などそもそも頭にありません。いや、「こっちの方が活気あるじゃん！」と、誰しも使ってみたい表現の活き造りとも言え。

　それにしても、声を大にして言いたい！「わたし時々街で出会う人たちの会話に聞き耳を立て（内緒ですが）その会話を通訳の練習台にブツブツと独訳しようとするのですわ。しかしねえ、女子高生の会話。何を話しているのか分からん。もー、どっちがチョーダサい、だ！！　大人は？と言えば、国会の予算委員会質疑などテープ起こししてごらんなさい。日本語が全く乱れている！！」ま、知性・品性あの水準ではね。あきらめましょう。。。

　前作では、語学学校的に呼ぶならば初級から中級者が必要とする語彙の内、ひとつの基礎動詞から二つ以上の分離動詞が生まれたものに絞り選出しました。新版第1章では解説のカイゼンに留まらず、前回落選組の中から新たに fahren, finden, sagen に纏わる分離動詞を拾い揚げ、今まで通り印象深く、楽しく、覚えやすいように心掛けながら解説してみましょう。しかし！コメントの要領は、かなり大胆な推測からこじつけまで含めて「わたしは決して語学学者ではありません！」と、宣言するものであります。わが解説は漫談、物語と思し召せ。ついついハマる人あり、うっかりだまされる人あり。筆者は落語家、講釈師に憧れる根っから陽気なバイエルン？っ子、学術書などを書くつもりはさらさらなく。

　分離動詞と肌の合わない Lernerinen, Lerner をなくしたい。微笑みながら覚えたい！自分流でいい、「合点！！」出来れば単語・表現は自然に身に付く。２１７の分離動詞が、踊りながら頭に入る、という謳い文句。それに今回、会話術虎の巻と呼ぶ第2章「うんちく・がんちく」は、５３首（種）にほぼ倍増。

ドイツ語を普段着に。ようこそ、再び福読本に。

第１章　本編

これから自在な変化をお見せする動詞一覧表　４５人衆

動詞	頁	動詞	頁	動詞	頁
bauen	10	holen	50	schauen	88
bieten	14	hören	52	schlafen	88
bleiben	16	kehren	54	schließen	90
blicken	18	kommen	56	schreiben	92
brechen	20	lassen	62	sehen	94
bringen	22	legen	64	setzen	98
drücken	24	lesen	66	sprechen	100
fahren	26	machen	68	steigen	102
fallen	30	nehmen	72	stellen	106
finden	32	passen	76	teilen	110
fügen	34	räumen	78	tragen	112
führen	36	reichen	80	treten	116
geben	40	richten	82	weisen	118
gehen	44	rufen	84	wenden	120
halten	48	sagen	86	ziehen	124

分離の前綴りを冠って変幻自在に！

さすがにアクセントを貰えるだけの値打ちはある。

では、本編中の本編を

VIEL　SPAß !!!

1 bauen

建てる　組み立てる　耕す　栽培する　行なう

① abbauen　　採掘する　解体する　縮小する　淘汰する

② anbauen　　耕作、栽培する　増築する　開拓する

sich⁴/ 定（移）住する

③ aufbauen　　建てる　再建する　組み立てる

始めに、①abbauen では ab の一般的な意味合いの、「分離」や「遮断」、「奪取」「減少」などからイメージが湧くものが多い。鉱山だったら金銀財宝を山から分離、奪取するから**「採掘する」**のであるし、「bauen＝建てる」とは逆に建物の各部材を分離するから**「解体する」**のであるし、組み立てれば大きくなるところなれど、悔しくも建材を奪取されては**「縮小する」**他あるまい。ところで「淘汰する」とは一体どこから来ている？「変化、完了、消滅」の ab から来ているのでしょう。しかし淘汰するために何も bauen に取り付くことはあるまいに。気を取り直し「bauen＝行なう」という意味に使っていると考えれば「行なう結果＝変化し完了し消滅する」のだから**「淘汰する」**になる事情を理解出来るのですが。

　②anbauen は、「bauen＝建てる」とダイレクトに、ひとつ覚えにインプットされたわたしの様な頭の持ち主にはキャベツを anbauen するというのは理解困難なれど、農民はドイツ語で Bauer。よく観察すれば、種苗が農作地に用いられ野菜が「bauen 建ち上がる」「動作を始める an」訳で、anbauen で立派に**「耕作、栽培する」**し、その畑がずっと広くしかも元荒野ならば「耕作する」今の時代を遡って**「開拓する」**となる。再帰動詞で sich を伴い**「定(移)住する」**のは、「開拓する」とのセットで理解できる。**「増築する」**は、an が持つ「接触」の意味を加えてやれば、今の建物に接触して建てるのだから「増築する」のは道理。

　③aufbauen　普段はむしろ〔Aufbau 構成〕という名詞にお目にかかる。特に都会では建物というものは上に auf 向かって建てて行くので**「建てる」**。ドバイでは高さが８００ｍ以上と、気温も５℃位下がってしまう恐ろしい摩天楼が完成した今日この頃。**「再建する」**は、auf 機能の一つ「復旧」といった感じで受け取ると、それもありか。また、次々に建材を継ぎ足して行く様が auf にぴったりで、こうして**「組み立て」**出来上がっていく経過や結果が Aufbau「構成」である。

④ ausbauen　　落成する　仕上げる　増築する　改修する

　　　　　　　拡張する

⑤ vorbauen　　他の建物の前に建築する

　　　　　　　一部を張り出して建築する

⑥ zubauen　　　建て増す　建物でふさぐ

うんちく・がんちく　その1

「ギョエテとは、俺のことか？」とゲーテ言い。
ドイツ語の発音で悩むことなし。ウムラウトを練習しておけば他は心配ない。
アラブの王様が英語を話す時のように母国の発音。アメリカ人を真似ること
もない。アラブ訛りがなんだ！
ヒアリングはとにかく慣れるしかなく、わたしも全く辛い思いをしている。
聴く時には例えば vielen と fehlen の長母音がわたしたち日本人には両方と
もイーと聞こえるし、区別付け難し。ですが、わたしのように自分が話す時
は e の長母音を、ほとんど「エー」近くの発音で済ませても分かってもらえ
る。大丈夫。だから自信を持って「大きな態度で大きな声で」が、「話す」技
能の上達するコツ。

④ausbauen は自然復元や河川改修の専門書に、名詞 Ausbau としてしばしば登場するが、これは河川の「改修」であったり、「拡幅」であったりする。分離動詞でもほぼ同じであり、動詞と名詞が双子であるのは他の多くと変わりはない。時の経過を追えば、bauen から aus する、即ち、「建つ行為 bauen＋aus 出て行く」のだから、一丁上り！難しい日本語ではそれを**「落成する」**と呼ぶ。**「仕上げる」**も、建てたり作ったり、その仕上げ工程が終了すればやれやれ終わる aus 訳で。空間的な観点からは**「増築し」**たり**「拡張し」**たり、あるいは昔は河川改修とは即ち川の幅を外へ aus 広げることだった？からして**「改修する」**にもなる。

⑤vorbauen には困ったものだ。訳が「（他の建物の）前に建てる」と来るのはすぐ理解できるけど、そんなことされちゃ眺望権侵害だ！「一部を張り出して建てる」のも気掛かりだけど、ま、自分の敷地内ならば仕方なか…？（高知弁）

⑥zubauen は、日常生活密着型の単語である zumachen「（窓や扉を）閉める」を思い出せば「建物で bauen＋zu ふさぐ」「建物でふさぐ」のは zu としては同じ効用。**「建て増す」**になるのは？と言うと、ここでは「促進」や「添加」を表す zu を冠っていると理解しよう。体重が zunehmen するがごとく。

2 bieten

差し出す　示す　提供する

① anbieten　申し出る　提供する

② darbieten　差し出す　提供する

うんちく・がんちく　その2

話すが肝心

Do you speak English?　Sprechen Sie Deutsch?

字のない時代から言葉はあった。文字はあくまでメッセージを残すための手段。字が読めなくても会話は弾んだ。読み書きしている時間よりも話している時間の方が長いし、人生でずっと大切だ。

さてお立会い。その日常会話を録音し原稿用紙に書き取ってみよう。文法に沿ってキチッとした文章になっていると自信のある方は？そんなつまらない会話はしていませんよ！思い付いた単語、尻切れトンボ、阿吽の呼吸、間合い・・・。コチコチの読み書きとは全く別物と気付くはず。会話上達の妨げが解消する。小生が長野オリンピックで出迎えた東ヨーロッパのあるコーチは「私は世界を転戦する中でドイツ語を話せるようになったけれど読み書きは出来ない」とおっしゃっていた。謙遜があるにしても、それこそが極意。テキストの文字を追って会話の学習をするのでは王道を逸れ、効率的ではない。練習時も、本ではなくパートナーの眼を見て話そう。

①②双方とも語意の**「提供する」**は共通で、基礎動詞と変わりはない。前綴り
を加える効果はさほど見られないけれど、an を冠ると提供先に密着度がぐんと
増すのは道理で、それは、前綴り an で「接触」を表すことが多く、主流なので。

　そこで、①anbieten では、誰それさんに接触し助力など何らかの提供を**「申し
出る」**意味が出てくるのではないか。提供することに変わりはないけども。

　dar はそれ自体で「譲渡、提出」の意味があるから、②darbieten では、「dar
＋bieten」即ち「提出＋提供」と、屋上屋に**「提供する」**。ある時は**「差し出し」**
て「さあ、ここにあるもなぁ耳を揃えて持って行きゃーがれ」と、見栄を張る。

うんちく・がんちく　その3

大きな声で間違えよう。

「日本の外国語教育は間違っている」と。確かに、私たちは話すのが大の苦
手。語学の試験は間違い探しの減点法。だから間違えないように細心の注意
を払う生徒たち。話す時も同じ。文法に忠実な正しい文章を作らなくてはな
らない！先ずは頭の中で前置詞の選択、名詞の性、動詞の変化など本当に大
丈夫か？再チェックしてから、おもむろに話し出す。学校で、テストでそう
躾けられてしまった。それでは遅すぎて電車が出てしまうというもの。会話
は法律ではない。テストでもない。感情の表現だ、脈絡があるものか！（人
生と生活にさえ、脈絡のないわたし。ましてや会話にねえ）ネイティブの会
話では随分勝手気ままに並んだ（並んでいない！？）言葉が飛び交う。生き
生きと！日本語も同じでしょ？たくさん話してだんだんに形になっていく。
まずは話そう。先生はそれを微修正しよう。私は中学3年の時に machine の
chi を city の ci のように発音してI先生に正されたことをいまだに覚えてい
る。間違えば覚える。間違ってこそ覚える。

3 bleiben

留まる　持続する

① dableiben　　留まる

　　　　　　　（müssen＋）学校に居残りさせられる

② stehenbleiben　立ったままでいる　立ち止まる

③ übrigbleiben　残っている

④ zurückbleiben　後に残る　残留する　遅れる

② stehenbleiben　立ったままでいる　立ち止まる

Wolfenbüttel　S.174
20.02.2016
古城（宮殿）駐車場

車の色、形が木組み外壁の一部のように溶け込んでいるのは偶然だろうか。宮殿では今挙式したばかりの二人が記念撮影中。

さて①dableiben の中で「**留まる**」は、da そこに bleiben する。一方、俗語で「**学校に居残りさせられる**」というのはなかなか洒落ている。「学校に」残される とは恥ずかしくてはっきり言いたくないから da でウヤムヤにしているのだろう。

　順番が繰り上がるが③übrigbleiben「残(余)って übrig＋bleiben いる」「**残っている**」と、注釈しようがない素直さ。

　そして④zurückbleiben「後ろに zurück＋bleiben 残る」は、因数分解的な？手法で素直に十分理解可能であるし、こちらの前綴りはそのままの意味を bleiben に添えている。「**後に残る**」は即ち「**残留する**」こと。「帰る人より残る人の終わりのない顔‥♫」と深夜劇場に響き渡っていたのは全盛期の泉谷しげる。そうなりゃ勢い、店じまいも「**遅れる**」わい。

　戻って②stehenbleiben の「stehen 立ちながら」のところを、わざわざ stehend と「d」の尻尾を生やさなくても無変化命の前綴りはその原則が分離動詞づくりにも当てはまり、不定形をそのまま前綴りにして bleiben を添え、「**立ったままでいる**」「**立ち止まる**」様を表現している。もっとも、わたしは stehend の響きが好きではあるけれど。でも、動詞がそのまま前綴りになっているのは、数ある分離動詞の中で少数派のようだ。「ドンと来い分離動詞」で表紙を飾った響きの良いキーワード「あなたとお知り合いになりたい」kennen lernen も近頃はついに別れてしまったらしい。本筋にもどり、bleiben は「留まる」「持続する」ことだから、「stehen＝立つ」動作（動きもしないで「動作」とは？？）がそのまま続いて、いたずら坊主の中学生がバケツを持って立たされたまま。

4 blicken

視線を向ける

① anblicken　見る　注視する

② aufblicken　見上げる　仰ぎ見る

うんちく・がんちく　その4

言葉は短く〜夏目漱石を見習おう。
「吾輩は猫である。名前はまだ無い」超有名な書き出し。接続詞で理由や結果を表わそうとして「吾輩は飼い猫であるのにもかかわらず、未だに名前を貰えていない」などと書き出したら、文学とは縁遠い小生でさえも読むほどにヒットはしなかっただろう。古今東西シンプルに限る。接続詞がなくても理由なのか結果なのか、誰にも分かる。リズムが出る。生き生きする。日本人に生まれてよかった。こんなに素晴らしいお手本があった。
小生一時英会話をアメリカンガールに習っていた。初級で学ぶ受身形や関係代名詞でさえ、これを使おうものなら即座にお叱りが飛んで来る。「日本人いつも難しく考える。単純に、もっと簡単に！」せっかく覚えた受験英語がしゅんとして萎びた。しかしだ、そもそもそれが古今東西、会話っていうもの。そうじゃないかぇ??　皆の衆 !!

①an＋blicken　と　②auf＋blicken　前綴りになっている前置詞の元々の意味に従っているから、理解容易でしょう。

　an は元祖「接近、接触」だから、視線は一点に、ピンポイントに収束して行き、**①anblicken「注視する」**ことに。「眼が点になる」と日本語でも言うしね。また、an はこのように狭く集中することを示すから、**「見る」**眼の眼力が、普段 an なしに blicken や sehen する時とは違うのではないか、きっと。

　②aufblicken は「auf＝上に」だから、そのものずばりに**「見上げ」「仰ぎ見る」**仰げば尊しわが師の恩。言葉・態度に表さずとも、仰ぎ見、薫陶を受けた恩師。

うんちく・がんちく　その5

動かぬ証拠、動かぬ動詞は2番テーブル

S市では佐藤酒店、里、千石、橋詰、魚清。そんなわたしはドイツでも大衆割烹、居酒屋巡り。例の Stammtisch（年間予約席）に憧れるのですが。

さて、定動詞第2位の原則。2番座敷は年間予約席。でも、命令・質問は定動詞で始まるずら？いえいえ、会話では、文末を上げて発音すれば（首を傾げて？）質問になれる。このように開き直れば質問するにも気が楽（定動詞から始めて主語に流れても勿論正解）。さすれば質問でも定動詞は文の2ヶ所目に居座り可。ラッキー！生来の怠け者にはもっけの幸い。ところが、話法の助動詞組構成員が文中に侵入すると、こやつが定動詞に成り代わり2番テーブルを占領。挙句の果てに動詞は「不定の輩？」原形のまま尻尾に追いやられる。「助動詞はんに環境ホルモンの真似しい、うちに成り済まされはったらかなわんわ。しんがりぃ引き返すぅしかないおす」〜動詞談

　祇園らしゅう振舞っておくれやす。

19

5 brechen

破る　割る　折る　裂く　砕く

① abbrechen　　折り取る　摘み取る　取り壊す

　　　　　　　　打ち切る　突然中止する

② aufbrechen　　蕾（花）が開く　立ち去る　掘り起こす

こじ開ける

③ ausbrechen　　破り取る　折り取る

　　　　　　　　（災害、事故、戦争が）突発する　脱獄する

④ einbrechen　　侵入する　押し入る　突然現われる

　　　　　　　　落ち込む　打ち破る　こじ開ける

さて、①abbrechen は「ab＝分離・奪取」が「折る」と一緒になって、「折り取る」は自明。「摘み取る」というのは即ち、茎を折って摘むから。同じように「ab＝分離・奪取」が「砕く」と手を結び、建物などを砕いてバラバラにするから「取り壊す」に。brechen は「割る、破る」など一瞬の破壊のニュアンスであるから、計画やパフォーマンスを突然に奪取してしまい「打ち切る」「突然中止する」

　②aufbrechen の先頭は、花が固い蕾を破り（auf 開放）咲く様を auf で表現。ことによると植物学的には上（auf）を向いて「花は開く」のかもしれない。「立ち去る」というのは、錠前を「砕き brechen 開いて auf」いざ出発という中世の城門、騎士達の誉れ高き光景か。また、土を砕いて地上に「掘り起こす」。スクリューキャップ飲料の栓を無理矢理 auf に引上げる無精者、それは「こじ開ける」という。

　③ausbrechen「破って、折って brechen＋aus 取る」から「破り取る」「折り取る」は道理。「脱獄する」は面白い。塀を砕いて外に出る。ハイチの地震で壊れた刑務所の大脱走。ネガティブな ausbrechen、「災害などが突発する」まで拡大し。静岡人は富士山の噴火から東南海地震までドイツ語の（？）夢でうなされる。Der Vulkan wird bald ausbrechen.との予言。一方、地震は Das Erdbeben wird 20xx entstehen.と表現すべきと、Bremen 大学 Z 教授に指導された地質学レポート。

　④einbrechen の中で「突然現れる」は、敵に突如押し入られた！という状況が伝わってくる表現ではないだろうか。ein だからして「中へ」扉を破って「侵入」「押し入る」「こじ開ける」「打ち破る」。Verbrecherbande は破壊集団、暴力団(Yakuza)だった。「落ち込む」も面白い。子供の頃落とし穴を作って遊んだけれど、藁や新聞紙をカムフラージュし、その覆いを一気に破って穴の中に落ち込むのは気持ちよかったぁ！（誰が落ちたんだろ？）

6 bringen

持っていく　もたらす

① anbringen　　　備え付ける　就職（嫁入り）させる

売り込む（つける）

② einbringen　　　持ち込む　提出する　収入を上げる

利子を生む　償う

③ hervorbringen　生産（産出）する　声を出す

④ mitbringen　　　持って来る　携帯する

⑤ unterbringen　　納める　入れる　泊める

①anbringen の an は分離動詞の前綴りとしては主流派中の主流で、大概「接触・接近」英語の at の意味を加えてくれる。例えば何か設備や部品なんぞを bringen してどこぞの定位置にピタッと「備え付ける」のであるし、人をぶら下げて？会社やお婿さんの家に届けに行くことを「就職する」「嫁入りする」と言う。ベニスの商人が、目をつけたカモに宝石を持参し「売りつける」「売り込む」

②einbringen「収入を上げる」や「利子を生む」「償う」などは、確かに懐に ein 持って来られる、もたらされるものに違いない。もっとも「償う」場合は自分の懐とは限らないが。金目の話はそこまでで、持って行く相手が特定されれば「提出する」ことになるし、相手方から見れば ein「持ち込」まれるに相違ない。

hervor が付くと、「前の方へ」、「中から外へ」というニュアンスが加わり、③hervorbringen「生産（産出）する」。商品に姿を変えた材料を外にもたらすから。なるほど。声についても同じで、炭酸ガスを肺から気管支を通して口に運び、喉や舌で生産・加工し、前の方に「声を出す」。これもなるほど。

④mitbringen はごく即物的、具体的で、「共に」の mit を冠るのだから人と物とが共に一体となり「携帯する」は必定。「持って来る」を表現するのに mit は無くても良さそうではあるけれど、mit が被さることで確かに誰かが何かをぶら下げて来そうな雰囲気が出るというもの。

編集の都合で umbringen を二つ先送りし、さて、⑤unterbringen が「泊める」に辿り着くには図形の証明問題のように補助線が要るかもね？かく解釈するには一本補う。あるいは、何の下？Deckel（蓋）や Dach（屋根）を代入して、その unter（下）。蓋や屋根の下に物や人を持って行くから、「納める」「入れる」「泊める」

⑥ zubringen　　持って来る　届ける　時を過ごす

⑦ umbringen　　殺す

7　drücken
押す　圧す　苦しめる

① ausdrücken　　表現する　言い表す　搾り出す

② niederdrücken　押し下げる　抑えつける　元気を挫く

⑥zubringen の zu はこの際英語の to 方向を表しているので、３６０度どこに行くか不明というのではなく一定の範囲内の方角に**「届ける」**。誰かさんが何かしらお土産を**「持って来る」**方角が zu mir と分かっていれば楽しみに待っていられるかも。**「時を過ごす」**この表現は、時を過ごす場所やその様子を表す語と一緒に登場する。時間が自分を未来に zu 向かって運んで行く bringen 様子。時の流れに身を任せるも良し、棹さすも良し。幸せに向かい mit(bei) X zubringen
X にはあなた好みのモノや心地よい場をはめ込み覚えることにいたしましょう。

また、⑦umbringen **「殺す」**も実に婉曲的。なぜに「殺す」という意味になるのか？と首をひねってしまうんですが、um は「回り」だから鶏のように「首をひねって殺す」のかいなあ？しかし、調べてみれば um には、「喪失」というニュアンスもあり、「命の喪失をもたらす」ことから「殺す」になるのでしょうな。bringen が um と一緒になるとどうも縁起の悪いことが多いようでして、それがどうも分離動詞には限らない様子。単なる普通の前置詞として用いられても、気の毒に、 Der Anlageberater brachte ihn mit dem Verkauf von Derivaten um sein Vermögen. 即ち、「デリヴァティブで、すっからかんさ！」
幸せなのは結婚前の一時期、 Ich bringe dich um die Ecke. までのようで。

さて、①ausdrücken は文字通り「押し drücken＋aus 出す」。チューブなぞからぎゅっと**「搾り出す」**作業に他ならない。あるときは心の内に秘めたものを五臓六腑から搾り出す。それが正に**「表現する」「言い表す」**ことになるのですねえ。刑事物のドラマで「吐け！」と机を叩くシーンが重なりますな。

②niederdrücken は、「下に nieder＋drücken 押す」 即ち**「押し下げる」**は主観・感情抜きに状況のありのままを。**「抑えつける」**には虐げられ地面に這いつくばう哀れさが滲み出ている。漢字と違って個々には意味のないアルファベットの行列なのに、絵に描いたように情景が瞼に浮かぶ、分離動詞の馴染みやすさ。しかし屡々、元気までも抑えつけて**「元気を挫く」**んですねえ。嫌いな単語だなあ。

8 fahren

乗り物で行く　運転する　通う　航行する　速く動く

① abfahren　　出発（発車）する　滑降する　運び去る

sich⁴/（タイヤ等が）摩耗する　くっ付く

② anfahren　　やって来る　動き出す　衝突する

運んで来る　始動する　車で跳ねる

目指して進む　（俗）がみがみ言う

噛み付く

③ auffahren　**上る**　**衝突する**　**座礁する**　**飛び起きる**

激怒する

昇天する　給仕する　砂等を運び敷く

【注： fahren は多産系。生まれた分離動詞は両手に余り前綴り完全制覇の勢い。しかしご安心を。「前綴り＋fahren」 の単純足し算でほぼ解決。それに大抵の fahren は乗り物利用と決まっているし。当てずっぽうに組み合わせて話し、家に帰って辞書を開けばしっかり載っている。そんな訳だからここでは、ひねりの利いた語意までをも捻出させ、しかも、よく顔を見せる語に絞って講釈を一席】

①abfahren は理解容易。「離れて ab＋fahren 行く」から「**出発（発車）する**」。スキー（車輪なし）で ab「下へ」走り「**滑降する**」。「**運び去る**」は他動詞で。３万キロ fahren 走ればゴムが路面に ab 剥ぎ取られ「**タイヤが摩耗する**」。摩耗とは真逆に auf jn. abfahren で誰かに「**くっ付く**」そうで。離れては付き、付いては離れる。似た者 weg の wegfahren は「**出発**」「**運び去り**」で ab と同義。

②anfahren は語意多彩。自明な訳は省かせていただき、捻りの利いた分離動詞作品だけ取り上げよう。「**動き出す**」は、動作の開始を示す an。車で接触 an することを「**衝突する**」（お内儀が時々やるんですわ）。他動詞で「**始動する**」。ここでの an は anmachen 同様にガソリンと火を an 接触させ点火した結果。「**車で跳ねる**」も an 接触事故。明るい未来に an 接近しようとすれば「**目指して進む**」っきゃないでしょ。俗語の起源までは大辞典級でも調べられず、友人も首を傾げる有様なのは、「噛み付く」とも解される「**がみがみ言う**」。fahren には突進するとの語意もあり、焦点を an X に絞り突進する光景から連想するわたし。何が猪突猛進するのかと言うと、ここでは言葉だ。言葉はいつも大事にしたいのだけど。

③auffahren の衝突の態様が anfahren とどのように使い分けられるのか実例を示せず残念だが、接触 an の「**衝突する**」と比べ乗り上げる情景が目に浮かぶ。特に「**座礁する**」には喝采。前置詞と日用動詞のセットで簡略に表現完成。震度５で、トランポリンで跳ねた如く布団から「天井に向かい auf＋fahren 速く動き」「**飛び起き**」た程のノミの心臓。頭に血が上り auf「**激怒する**」こと皆無の本物の人畜無害。（hochfahren で血の上昇行動を描いているのも似た理屈。同じく「**突然怒り出す**」そうで。かような人とは、mitfahren「**同乗し**」「**一緒に行**」きたくないものです）高所恐怖症であっても善男善女は「**昇天する**」定め。テーブル上 auf にうな重和定食を fahren 運び「**給仕**」し、砂を地面上 auf に「**運び敷く**」。

④ einfahren 　　入る　キツネ等が穴に入る　搬入する

慣らし運転をする　車をぶつけて壊す

達成（獲得）する

⑤ umfahren 　　迂回する　回り道する

（車で）ひき倒す　殺す

⑥ zufahren 　　〜に向い走る　ドンドン走る　更に速く走る

突進する　飛び掛かる　突然閉じる

⑦ zurückfahren　戻る　跳ね返る　（俗）尻込みする

ein そのものの「入る」「搬入する」。楽しいのは、キツネを乗り物に見立てて、
④einfahren 「キツネ等が穴に入る」（B 大ではウサギが）。新車のエンジン、車
輪を滑らかな実走行モードに ein 入れて行く為に「慣らし運転をする」のは分か
るけれど、それ程慎重な優良ドライバーが反対車線に ein+fahren 突入し「車を
ぶつけて壊す」ハズはない。無事故無違反１０年ゴールに一着で「fahren 走り込
み ein」目標「達成」。警視総監表彰状を「獲得」しなくては。

⑤umfahren「「迂回」「回り道」しちゃって一」とあたふたと現れた彼女。土地
に暗く実は vorbeifahren「通り過ぎてしまっ」たなどという事件は日常茶飯事。
こんな罪もない嘘が Google Map のせいで 最早通らない IT 社会。他動詞で「（車
で）ひき倒す」とあるが、um は umkehren に代表されるごとく「転倒」を表す
こともあり、轢き逃げは「殺す」に等し。凶器は車に限らず。「おお、こわ！」そ
れにしても車というものは an,auf,ein,um と幾多の災厄をもたらしてくれる。
非分離動詞の umfahren は「周航し」「周囲をぐるりと回る」と単純明快なのに。

zu が分離動詞の前綴りとして八面六臂の活躍をしてくれるのは、読者諸兄等し
く感じておられるだろう。この福読本にも数十回登場するとあらば、別表『分離
の前綴り一覧』を開き zu がどんな効果を与えてくれるのか今一度確認あれ。ご
紹介する語意の内「〜に向かい走る」は「方向」から。「ドンドン走る」は「運動」、
「更に速く走る」が「促進」。私の見立てでは「突進する」は「方向、促進」ペア。
「飛び掛かる」は「運動、方向」ペア、「走り続ける」は「運動、促進」ペア。「突
然閉じる」は「閉鎖」。皆「fahren+前綴り zu」と素直。「飛び掛かる」のは流石
に車ではなく人・動物。でもこの語意で使用する機会は殆どない一般市民。

勿論「戻る」時は乗り物で。飛ぶ車は T 社が開発中との噂で期待が膨らむが、
「跳ね返る」車はどんなものか。跳ねっ返りのおてんば娘の勘当が解けて伊勢屋
に帰る、とのイメージも湧くが、zurück には「跳ねる」意味はないしなあ。そこ
で第２のイメージが。長年沈み込んで行った海底プレートが zurück 元に戻る時
に「跳ね返り」津波が起こる。また、日本人の美徳 zurückhaltend とは申せども、
度を越して zurückfahren「（俗）尻込みし」ないように。「ドンと来い！」と前へ！

9 fallen

落ちる　倒れる　下がる　垂れる　襲い掛かる

① abfallen　　　離れ落ちる　沈下する　下落する

② auffallen　　　落ち（かか）る　目立つ

　　　　　　　　奇異な感じを与える　落ち（て当た）る

③ durchfallen　　（間から）落ちる　漏る　落第する

　　　　　　　　試験に落ちる

①abfallen は理解容易。別に ab が無くっても、**「下落する」**は当たり前！では
あるけれど、「ab＝離れる」と言う風に頭に冠ると、何かから**「離れ落ちて」**行く
ことを主張しているのだなとその雰囲気を受け取ることが出来る。**「沈下する」**の
は地盤だけでなく、映画タイタニックでデカプリオが力尽きて命の綱である木片
から手が離れ、大西洋の海深く沈んで行く時の情景、観客の涙が蘇るようです。

②auffallen の**「落ちかかる」**。例えば花開く時に蜜が浮かび上がって水玉のよ
うに花弁を這いながら地面に落ちかかっている、そんな情景かもしれない。鳥が
急に木の上に auf 舞い降りる様を auffallen で表現することがあるとのことで、
その情景は確かに周囲の注意を引き**「目立つ」**が派生するのも不思議ではないと、
自然観察の苦手なわたしでもなんとかゴムを引っ張って想像できるけれど、はて、
「奇異な感じを与える」とまでなると、鳥が下降するのはごく普通のことでもあ
るしねえ。確かに、山の手から秋葉原に下り目立っているのは奇異なメイド姿で
はある。しかもこの動詞は auffällig と形容詞になると「目立つ」「風変わりな」専
属になってしまう。一方、**「落ち（て当た）る」**では理科の授業を思い出す。リン
ゴが何かの上に(auf etw.)落ち（て当た）る法則はニュートンが発見。

③durchfallen 「通して」「通って」と durch の意味が加わり**「間から落ち」**た
り、**「漏る」**。しかし「漏る」は日本語の表現でも響きがあまり芳しくはなく、実
際日常生活では困る事態。屋根と Wasserhahn(蛇口)の手入れは怠らずに。とこ
ろで、**「落第する」「試験に落ちる」**は？と立ち止まり昔を思い出せば、大勢合格
するのに自分だけその間からこぼれるので durch が付く。durchfallen せず皆で
渡りましょう。自分の前後は番号があって、一人飛ばされた合格者発表を見る時
の気分、ほんま苦しゅうおまっせ。

④ einfallen　　jm./ 思いつく　突然襲う　落ち込む

⑤ niederfallen　　落下する　倒れる

⑥ wegfallen　　脱落する　省略される　中止される

10　finden
見出す　発見する　認める　思う　手に入れる

① abfinden　　債務を履行する　示談にする　甘んじる
断念する

④einfallen は「**思いつく**」を表現するのによく使う単語で、jm.どなたか（の頭の中、心の中）にひらめきが入り落ちる。なるほどねえ。「**落ち込む**」は、「（入り）込む ein＋fallen 落ち」で、双方合わせて「落ち込む」の意。fallen には元々「襲いかかる」という意味があることからすると einfallen などと ein をさらに加えることもあるまいにと思えども、豹などが樹から飛び降りて巣穴のうさぎを襲う、そんな「**突然襲う**」感じが良く出ている表現ではある。

⑤niederfallen は、「低く nieder＋fallen 落ちる」ので「**落下する**」に。それもきっと普通の「落ちる」と比べて随分落差があるのでしょうね。立てかけてある竿や柳街路樹ならば、台風の風雨で道路上に「低く落ちる」即ち「**倒れる**」

weg！は、「あっちに行け！　離れろ！」ということから、⑥wegfallen「離れて weg＋fallen 落ちる」様を「**脱落する**」と。「**省略される**」の心は、何かが脱落した結末。ところで、日本語の「省略」には色々なケースや程度があるけれど「道路 Weg が決壊して落ちてしまったのではこれから先には行けず。更なる旅は省略、お預け」という無念の気持ちの表れと覚えておこう。また、千両役者が花道を逸れて客席に落ちてしまったら歌舞伎も「**中止される**」という理屈。

英語の pay off に当たるという①abfinden　育ちは英国、ドイツと別々でも生まれは同じだと、前綴り「off＝ab 離れる、済ます」双方の発音も近いことだし同感。一方、基礎動詞 finden に元来金銭感覚はない。返済金を「手に入れ finden＋ab 完了・済ます」という金銭にまつわる俗事を、お金をお足と呼ぶが如く婉曲に表現したいのだろうと理解を示すわたし。で、ここまでの語意は英独共に「**債務を履行する**」。　さて、ドイツ語の語意は更に広がり、昨今の悪しき風潮に行きつく。悪の温床を温存したまま債務者等が「**示談に**」持ち込めば、債権者や被害者は渋々その条件・金額を「**認め**」「**甘んじる**」「**断念する**」のがフツーな、借りた者、迷惑を掛けた者の蔓延る世の中。

② stattfinden　　起こる　行われる　催される

11　fügen

継ぎ合わせる　はめる　整える

① einfügen　　　はめ込む　挿入する　接合する

② hinzufügen　　付け加える　添える

代表的分離動詞のひとつ　②stattfinden 。「代わりに、代理に」の statt とは語意の上で縁がなさそうだし。。。名詞 Statt「場所」が前綴りになる稀な例か？と方方探索。英訳で「take place 起こる、行われる」。「場所」の place/Statt が statt と小文字に変身しているが間違いない。また finden , take ともに「手に入れる」との語意あり。なるほど完璧に独英同義、了解。（ついでながら take the place of は「〜に代わる」）しかし「場所を得る」ことがどうして「行われる」などに昇格するのだろうか。きっと主役になるべき誰かが、ある「場所」に現れ、今その場にいるハズなのだ。しかし、そこで彼が「発見される」ためには、彼の手で何かが「催され」「行われ」てこそ初めて可能なのだろう。

　また、事件（「これは事故」でもいいです）が「起き」ても、神楽の集いが催されても、メディアが「見出し」て報道しなければ人知れず消えて行く。報道されて初めて何らかの価値、意義が生まれると思われている。人は寂しいものですね。「兎に角情報発信！」と誰しもが血眼になるのも宜なるかな。でも、記者の取材範囲や編集者のスタンスなどで無意識に、あるいは意図的に事実から乖離してしまうのが報道の本質（メディアの地理学）。それが顕著なマスコミ増長時代。

　名詞を思い浮かべると、Fuge は「継ぎ目、合わせ目、切れ目、溝」。切れてはいても二つのものがぴたっと合わさっている状態が、先ずはそこにある。

　その合わせ目、切れ目に「アイヤ暫く！」と ein 入り込むのが　①einfügen　だから、「はめ込む」「挿入する」などの意。「接合する」は２枚の板の間にセメダインを挿入する、「継ぎ合わせる」という元の基礎動詞の語意にほぼ近い。

　前綴りの hinzu 即ち「付け加え」て　②hinzufügen「付け加える」「添える」の意。ここでの動詞 fügen は「整える」程度の軽い効果を添える脇役。前綴りの hinzu だけで用が足りてしまいそう。

12 führen

連れて行く　導く　指導する　運ぶ　する　司る

① aufführen　　挙げる　上演する　sich⁴/ 態度をとる

② ausführen　　連れ出す　輸出する　遂行する

仕上げる　完成する

③ durchführen　実行する　成就する

④ einführen　　差し入れる　導き入れる　採用する

輸入する　紹介する　制度を導入する

「連れて行く」ことが元の基礎動詞の元々の意味だと理解してさえおけば、その対象が人でも物でも「連れて、運んで」行くことに変わりはない。そこから先のそれぞれの道を行くにあたって分離動詞の前綴りが活躍を始めるという構図。

　①aufführen　で、「auf＝上の方に」運び「挙げる」。etw. als Beweis aufführen の例：　辻斬りの現場に残された印籠を、大岡越前守忠相が御白州で「これが何よりの動かぬ証拠」と「挙げる」、と芝居がかったところで、舞台に上がり「**上演する**」。また、受刑者や生徒の行状の良し悪しを sich führen で語れる。表面 auf だけでも良い「**態度をとる**」のが肝心なのは学校、塀の中だけではないが。

　②ausführen は、「aus＝外に」だから「**連れ出す**」し、外国に持ち出して「**輸出する**」。出来上がった計画や目論見を実際に外に「連れ出し」て断固「**遂行する**」のだ！作り掛けの製品を商品として連れ出すために「**仕上げる**」「**完成する**」物書き生活を送っていると、ausführen 仕上げるところに来ての難しさをつくづく思い知らされる毎日。昨日折角完成したはずの原稿が今朝は屑籠に。

　durch は「通す」こと「貫徹する」こと、これに「führen＝導く、連れて行く」だからして、③durchführen 最後までやり抜く！「**実行**」し、「**成就する**」

　④einführen は「内に ein＋führen 導く」から、ほぼ理解可能。「**導き入れる**」「**制度を導入する**」「**輸入する**」（aus と正反対）。未知なるものや人を、ある人の交際範囲や心の中に「導く、運ぶ」ことを「**紹介する**」と。結婚相談所の ZWEI（EIN ではない）に加入すると良い人を紹介してくれるらしい。それが人事ならば「**採用する**」に。面接官とは言え、義理のある方から紹介されると弱いらしい。だから「きっと間もなく『採用』になりますよ」と、そんな人間模様。「**差し入れる**」は「ein＝入れる」と「führen＝運ぶ」から。（塀の中へ、ばかりではないが）

37

⑤ herbeiführen　　導いてくる　引き起こす

　　　　　　　　　不幸などを招く

⑥ vorführen　　　　眼前に示す　上演する

うんちく・がんちく　その6

離れがたいカップルであればこそ、遠距離恋愛〜枠構造

日本語では述語が最後に来ることから、イエスなのかノーなのか最後まではっきりしない言葉の代表格のように英米人からは揶揄されるんですが、早々言い切ろう、何でも結論ありきというあちらこそ全くもって奥ゆかしさや風流に欠け、わたしの好みではない。かような効率主義はそもそも日本人の感性には合わない。ドイツ語は英語の親類ではあるけれど、この枠構造で風情を感じさせてくれるから不思議だ。例えば話法の助動詞や、完了形を作るhaben, sein、分離動詞なら基礎動詞が、それぞれ文の二番目の定位置に納まると、述語完成は文のしんがりである。文全体を否定するには nicht でさえ最後に持って行きなさいと。あるいは「Auto fahren」「Tennis spielen」などのように、名詞なのに冠詞さえも不要で、一つの単語、一つの動詞と考えたって構わないのでは？というほど密着した言い回しもあるが、それすらも「いつどこで」とか「誰と」など餡子が多くなるに従って Auto や Tennis は餡子がはみ出ないように後ろに送られる。聴いている方はミステリーのように「さて、どうなるのかな？」と最後尾までワクワクして待っている。たった2文字の分離動詞の前綴りさんでさえも、待ってもらえる幸せなひと時。でも粗忽で知られるわたしの場合、分離動詞の前綴りを忘却の彼方に忘れ去ってしまうこともあり（分かっては貰えるけど）。老婆心ながら、最後にポッと思い出して添えてあげるのが、ドイツ語がきれいに響くコツですぞ。寿司屋なら穴子、赤貝、マグロと来て「大将、前綴りでアガリ‼」と、粋に〆。

⑤herbeiführen のように「herbei＝ここへ」を冠るとどうもあまりよろしくない。何かを「引き起こす」。災厄のみなさん厄の神々がお揃いでこちらに連れて来られてしまった、というニュアンス。「不幸を招く」こればかりは「導いて来」たくはないものだ。

⑥vorführen は「手前に vor+führen 連れて来て」見せるから「眼前に示し」、また「（人々の）前に＋連れて行き」、そこで「司る」と「上演」になる。

うんちく・がんちく　その7

性の功罪〜男女はまだしも中性とはこれ如何に。
名詞の性？　アジア人の繊細な感性からすれば、宇宙を成す一切の森羅万象が陰と陽、表裏一体のものと観念されることも不思議ではない。そんな我々でさえも言葉についてはそうにあらず。日本語の名詞をどう観察しても陰と陽、男性と女性などという対比はない。ドイツ語とは兄弟と称される英語も然り。それに、なくて困っているという話も聞いたことはない。（「俺」は男、「素敵」は女言葉といった習わしも遠い昔のこと）日本ではまず英語を習うのが仇でドイツ語の授業を初めて受けるその時から性に面喰い茫然として去るか、以後悪戦苦闘する羽目に。多彩で芸術的なのは結構けれど、せめて性をなくし格変化だけにして!!　その要望が受け入れられれば七変化が三分の一に縮減する。駄目なら勝手に chen, lein の縮小語尾を付けて全て中性名詞にしてしまいたいが、長いものに巻かれ性の大体の目安を示しておくと、自然の性の他に
男性　語尾 ich, ig, ling, pf　（外来語から）ant, ast, ier, ismus, ist, or
　　　四季、月、曜日、気象、方位、鉱物名、アルコール飲料
女性　語尾 e,in, ei, heit, schaft, ung　（外来語から）ie, ik, ion, tät, ur
　　　enz(Kompetenz)は女性上位ね...　植物名の大部分、
中性　語尾 tum,nis　（外来語から）um, ma, ment
　　　不定詞のそのまま名詞化、金属の多く、ビール（ノンアル扱い）
　　　Ge で始まる名詞は中性が多いが、語尾 e との勢力争いで決する？
上掲の原理が 100%当確と言い切れないのが辛いが、例外はさておき。

13 geben

与える　渡す（代償のある、なしを問わず）

① abgeben　　引き渡す　預ける　示す

役割を演じる　発射する　パスする

（商売で）売る

② achtgeben　注意する

③ angeben　　挙げる　述べる　指図する　申告する

告発する

④ aufgeben　　負わせる　放棄する　諦める

⑤ ausgeben　　支給する　支出する

この動詞 geben は、「es gibt etw.＝何々がある」という日常茶飯事表現でたびたび登場し、数ある動詞の中でもその登板回数たるやベスト１０に必ず入る。分離動詞になっても、前綴りの意味を重ねれば理解出来るのだとうれしいが。さて。

　①**「引き渡す」「預ける」**は、ab と geben が結びつけば自然の成り行き。**「示す」「役割を演じる」**はモノや身から ab 離れた光が相方に geben 渡り像を結ぶ有様。離れた相手に恐ろしくも弾を**「発射」**し、**「パス」**してボールを渡す。**「売る」**と直裁に言わず geben を使う雅。それぞれにシーンが思い浮かぶ。

　②achten は「注意」だから「注意 Acht＋geben 与える」は当然中の当然の帰結。②achtgeben**「注意する」**そのとおり。

　③angeben いつもと同じく an は鉄棒競技の着地点のように狭い範囲で指定され、大概特定の相手方がいるものだ。それでは一体何を geben するのかと尋ねると、モノではなく、名前や理由などの情報や指示を口頭や書類で相手方に与える。口頭の情報ならば**「挙げる」「述べる」**だし、書類での情報提供では**「申告、報告する」**、指示を与える場面では**「指図する、指示する」**、訴状を裁判所に与えると**「告発する」**と。

　④aufgeben は、込み入った注釈が必要かも？　相手方の肩の auf 上に課題を与えることから**「負わせる」**。また、人に課題を与えること自体は育てるために大事なことだけれど、自分の責任を相手方に負わせてしまい、ちゃっかり責任**「放棄する」**輩が近頃多い。わたしの場合はしょっちゅうやる気を放棄し**「諦める」**

　⑤ausgeben は、物やお金が aus 出て行き**「支出する」**、与えて**「支給する」**。お金のことを日本では「お足」とも呼び、決して我が家で寝ていてはくれず。

41

⑥ hergeben　　こちらに手渡す　引き渡す　交付する

　　　　　　　　利益を生み出す　名義を貸す　手放す

　　　　　　　　sich⁴/ 悪事に加担する

⑦ herausgeben　（要求により）渡す　お釣りを出す

　　　　　　　　出版する

⑧ hingeben　　引き渡す　委ねる　捧げる

⑨ nachgeben　　譲歩する　屈する

⑩ zugeben　　　承認する　認容する　添える

⑪ zurückgeben　返す　返却する　戻す

　　　　　　　　お返しする　言い返す

⑥hergeben は、「her＝こちらに」という意味だから、「こちらに手渡す」のが本来の筋。利益をこちらによこせば「利益を生み出す」。hingeben とはプラスマイナスの関係。「引き渡す」「交付する」双方ともどちらの側から見るかの相違。時に名前を引き渡して「名義貸し」し結局は「手放す」ことにもなりかねない。更には her がこちらに sich なんぞ連れて来たりすると、益々泥沼、芳しい意味がなく「悪事に加担」する羽目に。ドイツ語学習者には縁なくても世間には数多し。

⑦herausgeben の heraus は「（こちら側の）外へ」引き出すニュアンス。金庫から金子を「引き出し heraus＋geben 与え」る、債権者さんの「（要求により）渡す」ことが出来るのも家計に余裕あればこそ。「お釣りを出す」のもドイツではお客さんの要求があればこそ？そんなことはないのでご安心を。出版社で印刷が上がったら機械から「引き出し」「社外に本を与える」という具合で「出版する」

hin は her の反対。「あっちの方に hin＋geben 与える」ので⑧hingeben「引き渡す」。「委ね」「捧げる」は「与える」ことを品（hin）ある表現で。hergeben では意味の一部が少しネガだったが、hingeben は信頼と愛、明るい善き人の感触。

前綴りの nach が「劣等」「・・の後ろに」「・・に負けて」というニュアンスを加えることもあって、⑨nachgeben「譲歩する」。忖度と妥協が大人の世界というもので、譲歩は致し方ないとしても「屈し」たくはない！ですよね、みなさん。

ここでは「授与、添加」の zu　⑩zugeben は、「授与＋与える」で、悪い意味になるはずもなく「承認する」「認容する」。日常の軽いシーンなら「添加 zu＋与える」で「添える」。景品やおまけを出すのも zugeben。「添え」に違いない。

⑪zurückgeben は、文字通り「返し＋与える」から「返す」「返却する」「戻す」。借りたら返すと教わった私たち。はて？と首を傾げたくなる世の中になってしまったけれど、環境にも大変プラスな倫理で、例えばカーシェアリング。感心しないのは、やられたらやり返す風な、その筋の皆さんのお礼参りなど、「お返しする」。表社会の高学歴層は子供時分からのディベート訓練の末「言い返す」術に長け。

43

14   gehen

歩く　行く　動く　（事が）運ぶ

① abgehen　　　　立ち去る　出発する　離れる

② aufgehen　　　　上がる　昇る　開く　緩む

③ ausgehen　　　　外出する　尽きる

④ fortgehen　　　　立ち去る　出発する

⑤ heimgehen　　　帰宅・帰郷する

gehen が、これまた使用頻度の極めて高い、重宝な動詞。「英語の go も場面によって七変化で活躍するから、gehen も同じだ」と納得。「前綴り＋基礎動詞」直訳即「なるほどね」とうなずけるケースが大半で、「エー！１３個も覚えるのー！？」と、数に怖れをなすことはないのですよ。それでも、補助線と言いましょうか注釈付きでやっと合点出来るだろうケースが幾つもあり、先ずは一考してみましょう。合点は記憶の早道。予め覚えておけば安心して使えるしね。

　①abgehen は、「離れ ab＋gehen 行く」ことから素直に **「立ち去る」「出発する」「離れる」**

　②aufgehen「上に auf＋gehen 行く」から **「上がる」「昇る」**。窓ガラスなどが上に行けば **「開く」**。ワインの栓や蓋を上げて開き、蕾が天に向かい **「緩み」** 開く。

　③ausgehen は「外に aus＋gehen 行く」から **「外出する」** はごく当たり前。さて、「尽きる」は、全部何処かに「外に＋行ってしまって」その結果何も残っていない状態で **「尽きる」**（ついでの話：「尽きる」の面白表現 Das Bier ist alle.）

　④fortgehen を⑩weggehen と並べてみると、「前の方へ」去る場合と「あっち！」に去る場合との方角の違い（いっしょの時もあるか？）はあるけれど、いずれにせよ **「立ち去る」** ことに変わりない。でも abgehen と並べてみると、無味乾燥に **「出発する」** というだけでなく、そこには何かしら感動と感傷が込められている気がしません？　fort 未来に向かう感動。weg　過ぎ去る今日への感傷。

　heimisch(我が家・故郷の、固有の）と heimlich(内緒で)。⑤heimgehen ここでは、前者。積水ハイムにだけではなく **「家に帰る」「ふるさとに帰る」**。たとえ千鳥足でも、錦を飾らなくとも、家族友人知人恋人の待つ Heim, Heimat に。

45

⑥ mitgehen　　同行する　魅せられる

⑦ übergehen　　向こうに行く　移行する

⑧ untergehen　　沈む　（沈）没する　没落する

⑨ vorübergehen　　過ぎ去る　通過する　経過する
　　　　　　　　消失する

⑩ weggehen　　立ち去る　出発する

⑪ weitergehen　　先に行く（進む）　進行を続ける

⑫ zugehen　　締まる　向かって行く　届く
　　　　　　生じる　起こる　成り行く　進行する

⑬ zurückgehen　　戻る　退く　後退する　衰える

⑥mitgehen は「mit＝一緒に」。あなたに「**魅せられ**」ているからこそ一緒に行く、「**同行する**」んじゃないか。

⑦übergehen　通りを越えて「**向こうに行く**」。時空を越えるならば「**移行する**」

⑧untergehen は、「下に unter＋gehen 行く」。「**陽が落ち（沈む）**」たり、船が奈落の底に「**沈んで**」行き、即ち「**沈没し**」たり、家柄が下々の方に下られて「**没落する**」。日が沈み提灯の紅い灯が灯る他は、あまり縁起の良くない単語じゃ。

⑨vorübergehen では、「vorüber＝通り過ぎる、済む」だからして、gehen は添え物程度の意味しかなさそう。人や車の往来が「**通過する**」のみならず、時が「**過ぎ去る**」「**経過する**」ことをも指すところは日本語でも同じ感覚。月日は百代の過客にして…。（脱線：西洋は太陽暦なのになぜ一ヶ月は ein Monat？）「vor＝（目の）前を」「über＝越えて」どこかに行ってしまって「**消失する**」

⑩weggehen は④で解決済。「**出発する**」「**立ち去る**」には確かに Weg が必要。

⑪weitergehen「更に先に weiter＋gehen 行く」「**先に行く（進む）**」。これもまた人や車の移動だけでなく時の進む有様も表し「**進行を続ける**」

⑫zugehen は多彩。「zu＝閉じる」の意で「**締まる**」。zu でいずれかの方向を定め「**向かって行く**」結果、それが物などならばどこかに「**届く**」。zugehen には「**成り行く**」という意味もあるが、zu が導く方向故に、an と比べ今一曖昧か。「**進行する**」「**成り行く**」様を彼岸から眺めれば「**生じる**」「**起こる**」様に見えるのだろう。現世ならば「起こる」は auf に見えそうなものだが 90°のズレ。

⑬zurückgehen　は「**戻り**」「**退く**」「**後退し**」＋「行く」。動詞 gehen が不要な程に自明、当然。そして「**後退する**」のが精力ならば即ち「**衰え**」である。でも対策に健康食品やトクホは要りません。この福読本で笑い健康づくりしましょう。

47

15　halten
　　保つ　守る　保持する　催す

① anhalten　　　（車や息を）止める　止まる　持続する

② aufhalten　　　引き止める　制止する

Lüneburger Heide　ドイツ最古の自然保護地域　　28.6.2013
８月はエリカの花が一斉に開花し、超！広大な荒野が紫に染まる。

英語の hold「保つ、守る」と血縁関係、で、覚えやすい。「待って、待って！」は、「Halt！　Halt！」。halten に an や auf を冠って分離動詞になっても意味の上では殆ど代わり映えしないけれど、使うシーンが広いこの動詞に対して、前綴り an、auf が薄っすらと意味の上で制限を加えてくれるところが乙（オツ）。

　①anhalten の場合は、an 接触、接近することによって、限られた対象（車や息）をピシッと**「止める」「止まる」**。何かしら行為・運動が続いている状態をそのままにして、止めようというアクションをピシッと止めれば**「持続する」**

　auf は「終結」の意味を表すこともあり、②aufhalten「もう終わりにしときなはれ」という感じから**「引き止める」「制止する」**につながるのかと思える。理解解読困難至極な「aufhören＝やめる」を思い起こさせる使い方ではある。

16 holen

取りに（連れに）行く　求めて手に入れる

追いつく

① abholen　　取りに行く　連れ（迎え）に行く（来る）

② einholen　　出迎える　追いつく　遅れを取り戻す

買い入れる

うんちく・がんちく　その8

「いつ？が先、どこ？が後」「軽いが先、重いが後」は、日独同じ
テカモロって、なんだ？ temporal　kausal　modal　lokal のお頭、頭文字。
「時、因果、方式様態、場所」の順に書き話す掟とか。いつ、なぜ、どのよ
うに、どこ？としつこく訊かれてしまい、焦ってしどろもどろになることも。
日本語で尋ねたり答えたりするその順番も「いつ、どこで」が老若男女とも
ごく普通。ドイツでも同じ流れで、話しやすさに感謝。また、代名詞など軽
いセリフほど早めにやっつけて、重要事項（分離動詞の前綴りもですぞ）は
最後にという自然な流れ。3格、4格の双方が代名詞の時は4格が先。軽く
口ずさみ Ich gebe es dir.　言い易く響きもいいし大事なあなただから最後に
印象良く。でも片方だけなら代名詞さんが「お先にどうぞ」と譲られ、前に
出る良き風習。ところで、いつ？よりも、どこ？についての説明（前置詞＋
名詞など）の方が長く重いのは人の世の習い。　Ich war gestern in einer
Kneipe. ここから会話が始まる居酒屋ファンからすれば「いつ gestern」に
ついてよりも「どこ Kneipe」の方がずっと明るく「ああ、あたしも行きたい」
と楽しみが増え話が弾むでしょ。Lokal で締めて突っ込みを待ち。

①abholen については、「ab＝離れる」という前綴りのお蔭で、「取りに行く」「連れ（迎え）に行く」という行為が、即ち引き離すことだと再認識させられる。とは言うものの、基礎動詞 holen と語意上の差は殆どなく、前綴りの役割の一つである「意味をハッキリさせる」任務を帯びその使命を果たしている。

ein の方は、abholen が上のように単一、自明に終わっているのとは違い、ein が「こちらに」の意味で加わり、②einholen 客人をこちらの方にお連れし「出迎える」。自分のテリトリーに ein 取り込む holen ために追いかけて行き「追いつく」。こちらの手に入れたいものが時間ならば「遅れを取り戻す」し、商品ならば「買い入れる」

einholen

17　hören

聞く　聞こえる　命令や助言などに従う

① anhören　　**傾聴する**

② aufhören　　**止む　ことをやめる**

③ zuhören　　**耳を傾ける　傾聴する**

うんちく・がんちく　その9

過去を振り返ることなかれ～現在完了形の勧め
英語の現在完了形は現在となんらかの繋がりのある過去を表す。ドイツ語日常会話では過去何でもござい！現在完了形で表現して差し支えない。「sein（ある、いる）haben（持つ）と話法の助動詞」は会話でも過去形を使うのが普通とは言え、両手に納まる数。それ以外は現在完了形で表現すると、過ぎたことなのに、その時の情景と雰囲気が生き返るんじゃないか。生きた会話だねえ。しかも、不規則動詞の過去形を覚えなくていいと思うだけで、話すのにどれだけ気が楽か。ありがたいことです。

---

an はもともと「接近する、付く」のだから、①anhören は話し手の近くに「耳を寄せて聞く」、即ち**「傾聴する」**の意。

　さて、続く②aufhören が、私としては理解し難い分離動詞の、そのまた筆頭。そんな時には無用な説教などせずに、仏教徒として諦念の境地に至ることが肝心。と諦めるのが肝要。とは言え、こんな本を書こうとしているからには、なんとかこじつけ？ないとお買い求めいただいた読者諸兄に顔向けできない。愛弟子が上手い解説をした。彼によれば、「目上の人は大抵、『あれはダメ、これはダメ』」と止めさせるのが仕事だからして、上 auf の言うことを素直に聞く hören と止める破目になる。これ即ち aufhören で**「止む」「ことをやめる」**という意味になる」。なるほどなあ。基礎動詞 hören の訳の片割れには「聞く」だけでなく「命令や助言に従う」とあるし説得力はある。素直な部下で上司は楽だが、いいとは限らず。

　コントロールの良し悪しはともかく、zu も an に似て、hören がある程度定まった方向に向かうことは間違いない。an ほど密着しむさ苦しくはないけれど、話し手の方角、方面に向かって③zuhören**「耳を傾ける、傾聴する」**

　私めの解説に　Hör mal zu, bitte！

18 kehren

向ける　廻す　転ずる　（古語）帰る

① heimkehren　　帰郷（宅）する

② umkehren　　　返る　帰る　逆さにする　裏返す

　　　　　　　　sich⁴/ 向きが変わる

③ zurückkehren　戻る　帰る

うんちく・がんちく　その10

接続法は法にあらず〜日々使う、耳にする４パターン
ドイツに生きるドイツ人、日本に生きるわたし。あの重い六法全書、開いた
こともなく。でも何ら支障なし。日々お世話になる道路交通法ですら「飲ん
だら乗らない」だけ知っていれば大過ない。接続法も同じこと。会話に登場
する機会のない接続法Ⅰ式。ニュースを聞く時に Er habe….などなど耳触り
が悪く感覚的にそれと分かる。「これは又聞きで、言い切れないやっちゃな」
とか「…と（聞いているけど）」と理解する。そんな風に単純に理解だけして
おけば事足りる。わたしなんぞ、会話で使ったことは一度もない。重宝する
のはⅡ式。でも「不確かさの２乗＝非現実、仮定」として使うより、控えめの
態度や意思に寄り添いほんのりした雰囲気を醸し出す優れ者。wäre, würde,
hätte, könnte を呼び出そう。「…[動詞の意味]だったら」とか「…であるのに、
…するのに・なるのに、…持てるのに、…出来るのに etc.」＋「なあ！」

Heim は御存知の「我が家」。①heimkehren 積水ハイムに限らず**「自宅に帰ります」**Heimat に**「故郷に帰ります」**。里（実家）に帰らせていただきます…。

　um は「周囲」とか「回る」ことだから、遊びに出かけようともブーメランのように②umkehren**「帰って来る」**し、貸したものなら**「返ってくる」**。これが三次元になるってぇと**「逆さになっ」**たり**「裏返っ」**たり。時に、人・モノ問わず、自分自身を(sich)ひねって**「向きが変わる」**。「グルっと回ってネーコの眼　♫♯」と歌ったお遊戯を思い出す。（ひょっとして S 市だけの子供の世界だった？）

　zurück は「戻る」。しかも「kehren＝廻す」ことからして、③zurückkehren**「戻る」「帰る」**。古語では kehren に「帰る」という意味もあり、分離の前綴りと基礎動詞と、双方同じ意味の繰り返し。くどいとおっしゃらずに。。。

うんちく・がんちく　その11

ご機嫌取りなどに重宝な　sollte（接続法Ⅱ式）
「何々する方がよろしいでありましょうか？」と柔らかに、それとなく意向をお聞きし、ご機嫌を繋ぐ。あるいは逆の立場で、自分のためや誰かのために「何々される方がよろしいのではありませんでしょうか？」と廻船問屋の尾張屋のように遠回しに希望を述べ。その他にも「だろう」と推測する時や、はっきりと言い難い時に使い勝手がよく、重宝している。意図するところは同じでも直接法の sollen では幾分か角が立つところをうまく迂回させてくれ、特に私たち日本人の感性にぴったり来る。接続法第何式だなどと難しく考えることはありません。「sollte という独り立ちした言い回しだ」と理解しその用法と意味を覚えておくと、ありがたくも人間の幅が広がる（ように見える）。

19 kommen

来る　行く　着く　届く　発生する　生まれる

由来する　…にありつく

① abkommen　　離れる　逃れる　免れる

(意見などが)一致する

② ankommen　　到着する

auf ＋etw.⁴（jn.）/ ‥次第だ

③ aufkommen　　起き上がる　流行する　成長する

発生する　回復する　台頭する

対抗策を講じる(gegen)

kommen という行為もまた、人間生きていく上での大黒柱。それだけにこの語に寄せる想いもまた古今東西深いものがあり、来たるべきところに来、届き、ありつくのみならず、さような単に物理的作用だけでなく、生まれ来たることから事物の由来を表す、また発生することにも通じる。前綴りが基礎動詞と手を取りあって日本語のビビッドな表現さえもカバーしてくれる動詞　kommen　である。

　さて、①abkommen の ab ではいつものように**「離れる」**ことだ。「逃れ、免れる」。悪い奴や悪事から？**「逃れ」**罪を**「免れる」**。かと思うと、「意見なんぞが割れていたのをしゃしゃんと一致させる」こともあるようで、「意見不一致という泥沼から逃れる」という意趣なのか、あるいは、皆がみなの勝手な意見が、それぞれの主人から離れ去って意見一致を見るところから来ているのかもしれない。ニュース報道（政治や国際問題では特に）などでしばしば名詞の形で登場するが、大抵はこの**「意見の一致」**妥協の産物？である「協定」が「生まれ」たりして。

　次の②ankommen　an だからどこかに辿り着く。したがって**「到着する」**は理解容易。さて「・・・次第だ」は一捻り必要。原因や必要十分条件、あるいはキーマンなどを探っていくと結局それに、彼に、辿り着く。頼むぜ、an！　全ては auf キミ次第だ！

　③aufkommen は、auf だから上昇指向！！**「起き上がり」「台頭し」「成長する」**。一旦落ち込んでいたならば**「回復する」**。ばい菌や寄生虫、茶毒蛾などまでが雄々しく立ち上がり**「発生し」**たり、**「流行し」**たりして欲しくはないが。虚弱体質を自負するわたしとしては、庭の消毒と野菜の水洗いを励行し**「対抗策を講じて」**備えるとしよう。蚊取り線香の隣に殺虫ラケットも必須の、日本の夏。

57

④ auskommen　　　　外出する　発生する　折り合う

　　　　　　　　　　・・で間に合わせる　付き合う

⑤ durchkommen　　　通り抜ける　切り抜ける

　　　　　　　　　　合格する　…で間に合わせる

⑥ entgegenkommen　　を出迎える　願いを受け容れる

⑦ herkommen　　　　近寄る　von etw. /・・由来する

⑧ herankommen　　　近づいて来る　近寄る

⑨ herauskommen　　　出てくる　現われる　知れ渡る

　　　　　　　　　　発行される

⑩ hereinkommen　　　入って来る

④auskommen「外出する」のだが人間以外が出てくると**「発生する」**。「ありつく」という意味になることもある基礎動詞 kommen だから、「ありついたもので済ませる(aus)」即ち、**「間に合わせる」**。その人で間に合わせながらうまく**「折り合う」「付き合う」**。結婚生活のことを揶揄したいというのではなく。

⑤durchkommen　私なんぞは、durch と来るとすぐに durchfallen 「落っこちる」を思い出し悪夢が蘇る。　しかし、この durch が kommen と一緒になると、難関を見事**「切り抜け」「合格する！」**。日独の完成検査合格車以外なら、OK これで**「間に合わせ」**ておける。**「通り抜ける」**は単語構造物理学的に当然。

⑥entgegenkommen　entgegen は、「に向かって」「の方に」というように素直な場合と、「逆らって」や「反対！！」する場合とあるそうで。ちなみに kommen を連れている時はいずれも素直に解して、好意的に**「出迎え」**、願いが歩いていれば「どうぞこちらへ」と迎えて、**「願いを受け容れ」**てくれる。

her が付けばいつも「こちらに」。⑦herkommen**「近寄る」**。「どこぞから」を示す von に導かれ出所がはっきりすると**「由来する」**

⑧herankommen は her の後ろに更に an を伴い heran に。こちらのどの辺りに着地するのか範囲を an に向かい次第に狭めながらこちらに**「近づいて来る」**。**「近寄る」**のは her を冠った herkommen の時と同じ。

⑨herauskommen は、「そこから出て heraus+kommen 来る」**「現われる」**。**「出て来る」**を通り越して、彼方此方に**「知れ渡る」**。ある出版社から**「発行され」**『ドンと来い分離動詞』も知られたかしん。(「かしら？」の、みるい藤枝弁) 注：みるい＝野菜が旬の季節に「みずみずしく柔らか」なこと　(静岡弁)

そして⑩の herein と⑪の hinein、　この二つの方向が反対なのはいつもと一緒。そこで⑩hereinkommen こちらに her**「入って来る」**。kurz hereinkommen と「短く」に伴われると、「ちょっと立ち寄る」んだそうで、夕刻使いに。

59

⑪ hineinkommen　　中に入る

⑫ mitkommen　　一緒に来る（行く）

⑬ umkommen　　死ぬ（事故で）

⑭ vorkommen　　起こる　前方に出る　現われる

　　　　　　　　思われる（ある人に、自分で）

⑮ vorbeikommen　　通り過ぎる　bei jm./ 立ち寄る

⑯ zukommen　　近づいて来る　届く　ふさわしい

⑰ zurückkommen　　帰る　返る　戻る　逆戻りする

⑪hineinkommen　あちらの「中に入って行く」。異議なし、そのとおり。

mit は文字通り「共に」。⑫mitkommen「一緒に来る（行く）」

さて、⑬umkommen　um には「ひっくり返る」という意味合いがあり、「事故で死んで」しまう。（転倒事故には限らないのだろうけど）そう言えば、これに似て　umbringen は「殺す」だったよね。

vor は「前に」。前に来るのだから、⑭vorkommen「前方に出る」。目の前に「現われ」たり、目前で「起こっ」たり、勝手に空想し目前に持って来てしまい「そうだ！これだ！」と「自分でそう思い」込み、人にはそう「思われて」しまう。

⑮vorbeikommen は、vorbei の「通り過ぎる」に kommen が重なってもご同様。bei jm. に導かれ夕暮れ時「立ち寄る」のはいつものところ。

zu は方向や帰属など幅広くニュアンスを与える前置詞であるけれど、それだけに厄介とも言える。さて、ここでは誰かが zu こちらに向かって来ると考えると、⑯zukommen その人が「近づいて来」たり、物が「届い」たりする。また、出身母体に近づこうとする帰属意識は自分が「ふさわしい」と信じていればこそ。

zurück は前置詞の意味のとおりで、⑰zurückkommen「帰る」「返る」「戻る」「逆戻りする」と大変理解しやすい。助かるなあ。。。

vorbeikommen

20　lassen

やめる　…するに任せる

そのままにしておく　…させる

① auflassen　　　上昇する　開けたままにしておく

② einlassen　　　入れる　通す

sich⁴ in ‥ /　ことに関わりあう

③ niederlassen　　下ろす（荷物や幕などを）　座る

定住する　鳥が止まる

④ vorbeilassen　　やり過ごす　見逃す　放任する

⑤ zulassen　　　許す　認める　入れる

話が逸れて恐縮ではありますが、青森ねぶたでは、lassen に聞こえる「らっせ
ー、らっせー」との掛け声で幾千もの踊り手が跳ねる。雄大な七夕夏祭り。黒石
の『ねぷた』もまた優美な勇壮。雁木の町の、ほの暗い路地の屋台引き回し。

　さて、lassen は「するに任せる」ことが大黒柱。それは時に「そのままにして
おく」、またある時は「させる」という風に使役方面にシフトするにしても、詰ま
るところは「するに任せる」。

　①auflassen の auf は「上」「開放」を示す前綴りと理解するとスムース。上に
行くに任せれば「上昇する」し、「開けたままにしておく」も良し。

　また、②einlassen　は「入れ ein＋lassen させる」。お入りなさいましな、と
「入れる」「通す」。時には自分自身を入り込ま（さ）せてしまい（のめり込み易
いわたし…）結果、そのまま何事か「ことに関わりあう」

　③niederlassen　「下に（低く）nieder+lassen させる」。ということだから、
それが荷や幕なら「下ろす」。「腰を下ろす（座る）」。どかっと腰を据えて「定住
する」。神様の遣い、鳥が空から降りてきて鳥居に？「鳥が止まる」

　④vorbeilassen　vorbei は「通り過ぎる」「過ぎ去る」。月日は百代の過客にし
て・・通行人は見知らぬ人ぞ、浦島太郎。そのまま通るに任せ「やり過ごす」
「あっしにゃぁ関わりあいのねぇこってござんす」と「見逃す」。するに任せるの
も程度問題。程々にしないとあまりいい意味にはなりそうもなく、「放任する」

　zu から「促進」や「授与」を得て⑤zulassen「許す」「認める」「入れる」

63

21　legen

置く　横たえる

① ablegen　　　脱ぐ　取り去る　整理する　悪習を捨てる

　　　　　　　　行為を果たす

② anlegen　　　身に着ける　計画する　建設する

　　　　　　　　設備する

③ beilegen　　　添える　同封する　片付ける　調停する

ab は「離す、離れる」ことが元々の意味であるからして、「離して ab＋legen 横たえる」行為ということになるな、と。では皆さん、衣類を脱ぐ（身体から離す）時にどうします？　ドイツ人は几帳面と聞いていますが、ハンガーに吊るさずに畳に置くのかもしれない、などと失礼なことを考えるのですが。（「置く」と言えば、今回は見出し語リストに落選した「auflegen」は文字通り「上に＋置く」し、時にはガチャンと受話器を置き電話を切るシーンまでカバーし）それに、①ablegen だけが「脱ぐ」を示す動詞ではなく御存知 abziehen 等もあることを名誉挽回のために？書き添えておきます。また、取り去る対象はモノや衣類だけでなく広く使える便利な（通訳に当たっては時に厄介者でもあり…）単語。で、不用・不急書類を**「整理する」。「悪習を捨てる」「行為を果たす」**は、「離して＋置く」**「取り去る」**対象が課題や仕事ですとそうなる、肯けますな。特に悪習（飲酒、喫煙に限らず）は早めに ablegen し、明るい明日を迎えましょう。

　an は「接近」「接触する」ことであるからして、ab の反対の意味になるのはすぐ納得。②anlegen **「身に着ける」**もそう、自分の身体に衣服を接触(an)させる。一枚の紙に企画や設計などを横たえて（描いて）いくことや、将来図を描いていくこと、企画を具体化することが即ち**「計画」**であり、何もない原っぱに何か**「建設する」**し、がらんどうの建物に**「設備を施し」**ていくことも**「身に着ける」**とは随分規模が違うけれどベクトルが同じ、同じ行為だと理解できなくはない。

　bei は「付近」とか「側」を表すから、③beilegen「側に bei＋legen 置いて」即ち**「添える」**。封筒の中に添えれば**「同封する」**。「脇に」というニュアンスの bei から「脇に＋置く」になるのですが、きっと整頓して置くのでしょうな、**「片付ける」**。時に「参加する」意味にもなる bei からは、バトル中の両御仁の間に第三者として参加し、大の字にでも横たわり？丸く納めて**「調停する」**

65

④ niederlegen　　下に置く　横たえる　しまう　預ける

　　　　　　　　辞する

⑤ zurücklegen　　元に戻す　取りのく　別にしておく

　　　　　　　　道のりを後にする　時を過ごす　蓄える

22　lesen

読む　読書する　拾い集める　果実等を摘み取る

① durchlesen　　　通読する

② vorlesen　　　　読んで聞かせる　朗読する

④niederlegen　nieder が「低い」とか「下」のことだから、「下に置く」「横たえる」は自然な成り行き。何かを「しまう」時や、手荷物預かり所に預ける際ドイツではロッカーやカウンターの棚が低いせいなのか、いつも重い荷物が多いためなのか、高く吊り上げたりはしないようで、下に置くように「預ける」。退職すると、きっと「ごろっと横たわる」に違いないから、職を「辞する」

⑤zurücklegen「元に戻って zurück＋legen 置く」即ち「元に戻す」。ドイツではもしかして、前の方に置いてあると人目に付き、持って行かれたりする心配がある（ないない！）ので後方に置くよう心掛け「取りのく」「別にしておく」後方に遣る対象が道や時だと、即ち、「道のりを後にする」「時を過ごす」それがお金なら裏の土蔵に横たえてある金庫に「蓄える」

　　lesen から生まれた分離動詞は少ない上に、①②双方とも珍しく素直に肯ける。即ち、単純に前置詞の意味そのものが加わって、解説のためにひねったりつねったりする必要もなく。字を lesen 拾いながら本を読む lesen のですね。
　　durch「通して」の意味がそのまま加わり、①durchlesen「通読する」

　　そして vor を冠ると「前で」が参加して、「人の前で読む」破目に。自分の前にいる人に、またある時は人々の前で②vorlesen「読んで聞かせ」たり「朗読」したり。因みに Vorlesung halten になれば「大学の講義をする」ことになる。
近頃の日本の大学生は出席率が高いとのことで、驚き、感心させられる。（独り言：Bremen 大学地理学科に 2015 年から 4 Semester 在籍し皆出席だった W 氏の大ざっぱな勘定では、学期始めと終わりとで聴講生の数に殆ど変わりがなかった）

23 machen

作る　する　生じさせる　・・させる

① abmachen　　取り除く　済ます　片をつける

　　　　　　　　協定する

② anmachen　　取り付ける　火や灯を点ける

③ aufmachen　　開く　開ける　装う　包装する

うんちく・がんちく　その12

二卵性姉妹～不規則の自動詞、規則の他動詞

stehen と stellen　　liegen と legen　　sitzen と setzen 二卵性の双子兄弟姉妹のように近い関係のそれぞれの自・他動詞でありまして、意味も当然のように近いのでありますが、どういう訳か時称による変化形には甚だしい差がある。ご存じの様に左側の各自動詞は典型的な不規則変化。他動詞は規則変化。思うに、自分で動くときは他人に決められた道を行きたくない。赤ちょうちんにでも寄り道して帰りたい。だけど他人には規則どおりの行動を要求する。人間の性、身勝手さ、自分のことかと頷けるところなれど…。ここは素直にスイマセン、私が悪ぅございました。

ab は「離れる」ことだからして、machen の「させる」と一緒になると、何か
を何かから離す訳で、①abmachen**「取り除く」**行為、状況になるのは理解容易。
ところで、離す対象が問題点などだったらどうだろう。問題を「取り除く」とい
うことは、**「片をつける」**とか、**「済ます」**。あるいは少し複雑な思考回路？の末、
「問題を除去する」ために、即ち、解決の手段として**「協定する」**

　さて、ab とは反対に an は「接近」「密着」するという意味を加えてくれる。
だからして②anmachen**「取り付ける」**ことになるのは文字通りと言える。火や電
気を薪や電球に取り付けて**「火や灯を点ける」**。後述の④ausmachen が「火、灯
を消す」のと好対照。エコ生活のために出来るだけ ausmachen に心がけよう。

　「上方へ」の他に「開ける」意味での auf からは、「開く auf＋machen 行為を
する」。（余談ですが、「行為をする」という言い回しはなんとなく、「本を読む」
ことを「読書をする」と言う様な硬い日本語ではあります）③aufmachen**「開く」**
「開ける」のは当然の帰結。またもや余談ですが、ヨーロッパ共通試験 C1, C2、
特に Schreiben 受験者の大敵と言えば機能動詞（Funktionsverben）。中でも数で
はランキングトップに躍り出る勢いの machen。いっそ全ての機能動詞を machen
で行って欲しいが空しい願望。機能動詞のパターンは色とりどり、幾百あるそう
でして。さて、aufmachen の対象が商品や贈り物だったら？「上に＋作る、する」
のは何でしょう？答えは**「包装する」**。aufmachen は「開ける」じゃないかって？
まずは包まなくては開けるものも開けられないってことよ。これに近い作りの
make up って英語は何かい？美顔を包装するって一かい？と突っ掛かり。出かけ
るのに裸じゃなんだから、人間さまは肌の上に衣服を纏い**「装う」**のがこの辺り
では普通。上述の包装は装いの一種でもあり。しかも近頃は Hund（「うちの子」）
までも着飾っているご時世。（ドイツでは見かけないが）

④ ausmachen　　　　取り出す　火や灯を消す

スイッチを切る　総計‥になる

やり遂げる　取り決める

⑤ bekanntmachen　知らせる　公表する

⑥ mitmachen　　　共にする　参与する　仲間である

⑦ zumachen　　　　閉める　閉ざす　ふたをする

うんちく・がんちく　その13

do（英語では質問や否定に登場）のない世界
今思えば英語では do によく助けられたものだ。疑問や否定で現在なら do、
過去は did が活躍し、その代わりと言っちゃなんだが、動詞は元のままで OK
とのお許しが出る。ドイツ語でも話法の助動詞が入り込めば、同じお助け効
果で不定形のままの動詞を使えるのですが。しかし、あの JFK（一時は阪神
タイガース勝利の方程式）ジョン・F・ケネディー大統領就任演説の一節に　I
declare not…があり、否定文でも助動詞 do を使わない雅表現が英語にもあ
ると分かる。愚痴は言うまい。ドイツ語では疑問文なら動詞をトップに持っ
て来るだけ、否定文なら nicht などを入れるだけと、この際 do 不要。しかも
会話では、過去のことはほとんど現在完了形で表すから過去形は滅多にお目
見えせずと、つらつら考えるにつけ、英語対ドイツ語の決闘はこのシーンで
はお相子、イーブン。

④ausmachen は広範囲の用途に使えるし、自然に理解できる。「外に」の aus から、「中のものを外にする」これ即ち **「取り出す」**。火や電気のエネルギーを取り外せば **「火や灯を消す」「スイッチを切る」**。そろばんの授業で「願いましては１円なり、３円なり‥」並んだ数字から合計数字を取り出し **「総計何（円）になる」**（お金に限らないけれど）。議論し交渉した末に取り出されるのは **「取り決め」** であるし、取りかかっていた仕事から成果を取り出すことが **「やり遂げる」**

bekannt は「知り合い」「知られた」との意味だから、⑤bekanntmachen **「知らせる」**。それが大勢の人々に対してだったら **「公表する」** になるというもの。

mit は「ご一緒に」。⑥mitmachen **「共にする」** はすぐ理解。組織や運動に **「参与する」** のも **「仲間になる」** のも「一緒に＋する」からでしょ。

⑦zumachen zu は状況に応じて色々な意味になるのでやっかいではあるけれど、auf(開放)の反対「閉鎖」と受け取ろう。日常よく使う **「閉める」「閉ざす」** のは大概前後か横からだが、上に **「蓋をする」** こともあるそうで。

24 nehmen
取る　受け取る　手に入れる　取り去る

・・と解する

① abnehmen　　取り去る　取り上げる　脱ぐ　減少する

　　　　　　　衰える

② annehmen　　受け取る　応諾する　採用する

　　　　　　　仮定する

③ aufnehmen　　取り上げる　採用する　迎える

　　　　　　　撮影する　録音する

Sattrum
29.10.2016
連携自治体役場

１０以上の小村が連携。Bremenに近い地の利と、空き店舗・空き工場を活用し若手起業家誘致に尽力。中規模スーパーも進出し賑わう一方、小さな本屋さんも健在。
今や地域経済政策成功例のモデル村。

ab は「離す、離れる」であるからして、①abnehmen は「離す ab＋nehmen 取る」。故に**「取り去る」「取り上げる」**は自然体。衣服を取り去れば**「脱ぐ」**の意。数や力を取り去れば　即ちこれ**「減少し」**たり**「衰え」**たり。

　反対に、an を冠ると、こちら側に「接触し an＋nehmen 取る」のだから、基本的には②annehmen**「受け取る」**。受け取るものが物ではなく提案などを Ja と「受け取る」から**「応諾する」**。また、抽象的観念的に、自分で作ったイメージを自分で勝手に「そうだ！」と受け取ることは**「仮定する」**こと。（仮定は結構だけれど空想は避けたいものだ）そして、人を受け取れば、即ち**「採用する」**

　auf は「上に」。③aufnehmen「取り nehmen＋auf 上げる」**「取り上げる」**は、誠に素直。日本語でも殆ど同じことがらを表すのに複数の語があるけれど、auf と an 双方共**「採用する」**。わたしの方向感覚では、現在の苦しい雇用情勢からして auf の方がうなずける。人を取り上げる？　まさか 2 階に上げるからというわけでもないでしょうが**「迎える」**。今様は DVD や CD などに取り上げるから**「録音」「撮影する」**ことにも。（注意：Foto を撮る時は machen）この aufnehmen に限らず、ドイツ語の特徴の一つとして、特殊な単語や新たな単語を作らずに馴染みのある易しい単語、組み合わせで表現しようとする。言語における合理性。汎用性。かつて W 氏でさえも英会話を習ったけれど、大学を出たばかりのアメリカ人女性教師にいつも指導されたように、「表現や言い回しはもっと簡単に！単純に！」。ドイツ語は英語の親戚。シンプルに行こう。とは言うものの、文脈で分かるから大丈夫とは言うものの、ひとつの単語の適用範囲が広すぎて、正しい解釈を選択するまでに時間がかかり煩わしい時もありますが。

④ ausnehmen　　取り出す　除外する　見分ける

　　　　　　　　sich⁴/ 例外である　際立つ

⑤ einnehmen　　取り入れる　取る（食事、薬など）

　　　　　　　　場所を占める　占領する　魅了する

⑥ teilnehmen　　参加する　関係する

　　　　　　　　an　jm.(etw.³) / 同情する

⑦ vornehmen　　取りかかる　行なう

　　　　　　　　sich³ etw.⁴/ 企てる　決心する

⑧ wahrnehmen　認める　知覚する　気づく

⑨ wegnehmen　　取り去る　除去する　奪い去る

　　　　　　　　押収する

⑩ zunehmen　　増す　増大する　成長（進歩）する

aus 「外に」で、④ausnehmen「取り出す」「除外する」は自然。日本的均一集団から少々外れた毛色の変わった輩や物を「外に＋取り出し」これを「例外」と呼ぶ。「際立っ」た才能を仲間外れにする島国根性。これらはみな、違いを「見分ける」から取り出せるし、例外にも出来る。良きにつけ悪しきにつけ。

ein と来れば ⑤einnehmen「取り入れる」は当然。食べ物やお薬を体内に取り入れ「食事をし」「薬を飲む」。花見の席を取り込み「場所を占め」「占領する」のは大日本…会御一行。あなたに心が取り込まれ「魅了」されてしまうわたし。

日本ではお風呂に必ず？あるタイル。そのタイルとは瀬戸物のことではなく、仕切られた一部分のこと。たくさん並んだ中の一部分を受け取るというのが元々の意味の ⑥teilnehmen でして、サルやヒトは常に集団の一部になる、即ち「参加する」。参加するとまでははっきり態度決定しなくても？「関係する」という関係。同じ気持ちを「分かち合い teil＋nehmen 受け取る」から「同情する」

vor は「前へ」！ラガーではないけれど、いつも大抵ポジティブで積極果敢な性格。「さあ、これからだ！」と目の前に仕事を持ってきて⑦vornehmen「取りかかる」「行なう」。今まで自分(sich)の胸の内に秘めながら「企て」ていた計画を目の前に取り出して実行に移す「決心をする」

ものごとの wahr「真実」を「受け取って」やっと⑧wahrnehmen「気付き」「知覚し」うろたえるのが人間の性。しかし真実は「認める」っきゃない。

Meinz の、とあるキオスクで weg！ と追い払われたわたし。⑨wegnehmen「押収」は困るが「取り去る」「除去（す）る」「奪い去る」。サルが三つ。日光東照宮の左甚五郎にあやかって？ あれは「みざる、いわざる、きかざる」だった。

zu は、ケース・バイ・ケースで用法と意味がころころ変わる厄介な代物。この⑩zunehmen にあっては zu が「促進」のニュアンスで、「増す」「成長、進歩する」。私はこれ以上体重を zunehmen「増大」したくない。メタボ症候群予備軍。

25 passen

適する　似合う　（俗）注意を払う

（ボールやトランプを）パスする

① anpassen　　　　**適合させる　sich⁴ etw.³/　順応する**

② aufpassen　　　　**注意（世話を）する　見張る**

注意をして聞く　上に乗せる

かぶってみる　合わせてみる

うんちく・がんちく　その14

外来語は世界共通！！？？

der Zweite Weltkrieg 後、世界の支配者アメリカ人が日本に数多くの外来語（大抵米語だがね）を蔓延らせ、辞典まで出来ている始末。憲法がアメリカ製だから国産にせよと宣う国粋主義者でさえ異議を唱えず。英単語を混ぜると尊敬されると信じている政治家の演説（真偽はさて置き）。しかし流石は international。日本で跋扈する英単語は、わたしの経験上ドイツ語会話でも大抵そのまま通用する。悔しくても気を取り直し一度試して！通じるから。でも英語面した曲者も。携帯電話を Handy と。「電話機」がどこかに行ってしまい、英語の形容詞自身がドイツ語名詞に。短絡的便法に、ここは喝采。

「風が吹けば桶屋が儲かる」程飛躍はしませんが、「passen＝注意を払う」のは、誰かさんのご機嫌を損ねないように、誰かさんにお「似合い」の自分になりたい！という魂胆あってのこと。目上 auf の方に限らず相手方を立て aufpassen に通じる passen「注意を払う」なのですが、俗語だそうで。さて、①anpassen は「触れ an＋passen 適する」で、勢い「**適合させる**」。再帰動詞で「**順応する**」。前綴りと基礎動詞、頃合いのいい雰囲気を醸し出す合体で心が和む気がいたします。

　passen 単体の時と違い、不思議なことに②aufpassen の「注意（世話）をする」は俗語用法ではないそうな。という程に、aufpassen ではむしろ「注意系」が主流派を占める。その意味で用いられる時には自動詞だから、その注意の向くところは前置詞 auf の助けを借り、auf＋４格で導かれる。「**注意（世話を）する**」は他者への注意系。前置詞の auf が「誰に」とか「誰を」を導くのだから前綴りの auf は屋上屋でくどいと感じる向きもあり。注意をするということは、例えばそれが不審人物だったりしたら「**見張る**」ことにも通じ。宮中や城内では目上 auf の御前様の意に適う自分になろうと？絶えず耳をそばだてて「**注意をして聞く**」でも非主流派に甘んじる他動詞の時はとても即物的に、蓋などを「**上に乗せる**」。あるいは試着室で鏡の前に立ち「**（帽子などを）かぶって**」身体に「**合わせてみる**」蛇足ではありますが、子供の頃トランプ（ゲーム）で一番早く３回「passen」し負けが込んだ博才のないわたし。今は、アメリカのトランプをパスしたい。決して「適し」たり「似合ったり」したくはなく。

26 räumen

片付ける　空にする　掃除する

① aufräumen　　片付ける　整理する　除去する

② einräumen　　　しまう　片付ける　譲る　認容する

うんちく・がんちく　その15

getimet って…？？？

これで「ゲタイムトゥ」。time 英語の「時」を餡子にして「過去分詞！？」が出来た。札幌でカニを頬張り笑いながら、バイエルン州内務省最高建設局のディレクターS さんが「ひさお、知ってるかい？」と。「ちょうど時間に間に合った」という意味で使うのだと。言葉は常に交流し変化する。 timen は Duden にも載って、れっきとしたドイツ語動詞になったが、タイメンと発音するのが可笑しい。日本の辞書にも「タイムを計る　タイミングをとらえる」と登場し。Bayern 1 のアナウンサーが「女性の新人」を紹介し、Newcomerin と女性名詞登場。これまた驚き！

RaumというT社の乗用車がありましたが、Raumは空間、時には大きく宇宙空間まで。だから、räumenは空間を作り出すという意味の動詞。「片付け」て「空にする」。確かにごみやチリを片付けるのが「掃除」であります。aufräumen, einräumen共通で**「片付ける」**がありますが、棚の上にでも「よいしょ」と「上げて auf＋räumen 片付け」たり、あるいは「しまい込んで ein＋片付け」たり。家具の設えにより片付け方がもともと違っていたのかもしれません。まあ、結果的に部屋が綺麗になればどちらでもräumenですから。

　ではなぜauf「上へ」の方向に①aufräumen**「整理する」「除去する」**のか？と先ず疑問に思うのですが、この意味になる場合は「開放」のaufと理解すべきかもしれませんね。空間中の余分なものを取り除き開放空間を作り出す。

　また、②einräumenの**「譲る」「認容する」**共に相手方の意見などを自分の中に、心という空間の中に取り込み整理する行為であるから、①のお掃除の類とは全く違うものの、胸の内に納める流儀が「相手に譲る」ことに繋がっている。かような日本的伝統の善し悪しはともかくとして、合成結果、複合語としての理解し易さはある。「しまう」のはein（中へ）であるからしてそうでしょう。でないと片付かない日本の家庭の家財道具や１００円ガラクタの多いこと。

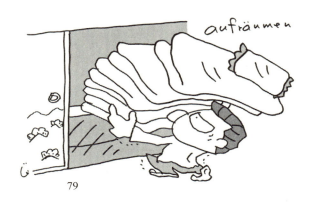

27 reichen

達する　届く　提供する　与える

① ausreichen 　　足りる　十分である

② darreichen 　　差し出す　渡す　捧げる

うんちく・がんちく　その16

keine Kinder になる不思議〜「いない」のに複数とは合点がいかず
二人、いやそれ以上の子供に恵まれれば「子供たち（複数）」である。が、一
人ならば当然に不定冠詞 ein 登場、そのために不定冠詞が存在する。では、
０人ならばどうなるか？という質問。（そもそも単数、複数を区別して動詞を
変化させるなどという、とんでもない習慣のない日本の私たちには単複の区
別自体やっかい者であるのだけれど）もちろんこの場合　Wir haben kein
Kind. は成立する。でも、普段聞いている限りどうも　Wir haben keine
Kinder. とわざわざ複数にして否定していることが多い。子供は二人以上に
決まっているというのなら否定される名詞が複数形でも理解できるけれど、
ドイツの出生率は高かった？

「ギョエテとは俺のことかとゲーテ言い」で名高いゲーテインスティテュートで受験できる Zertifikat Deutsch（近頃は名前が変わりどうやら B1 というレベルに相当するようですが）は日本の英語やドイツ語検定と違って試験場の雰囲気に香りがあるように感じ、とても落ち着きます。口頭試問を初めて受けた時「わたしのドイツ語で諸官庁に調査・インタビューに行っても大丈夫でしょうか？」と試験官にお聞きしたほどの和やかさでした。翌年 befriedigend で通り、その時に ausreichend という形容詞を同時に覚えました。　修了 aus した満足感、目標に届いた達成感。　①ausreichen「足りる」「十分だ」。みなさん、G.I.のヨーロッパ共通試験 B1 の ausreichend は勉強の大成果。お飾りではなくドイツ語を話せる正式証明書！この福読本との別れの日も近いですね。Ich gratuliere‼

　dar は感覚的につかみ易く 、「さあここに！」と、ぱっと品物を目の前に広げる様子。②darreichen「差し出す」「渡す」は即ち dar と差し出す手が相手方に達する、届く。時には恭しく「捧げる」（差し上げる）。

うんちく・がんちく　その17

時間、空間、数量、程度の形容詞＋４格(Akkusativ)＝副詞的独立用法
名詞の４格で副詞句が出来ることも簡単明瞭で省力化に役立つ。３格？４格？と悩ませてくれる前置詞が不要で、すっきりと副詞句（または副詞的用法）になるのだからありがたい。文法はさて置き、皆さん日頃から親しんでいる表現がほとんどでしょ？力まずに口から出てくる。
Einen Moment,bitte.　**Den ganzen** Sommer verbringe ich in Bayern.　Ich bin **einen guten Kopf** kleiner als mein Mann.　Ich gehe **den Berg** hinauf.
などなど

28 richten

正す　整える　適合させる　裁く　起こす

① anrichten　　　　配膳する　不幸や災害を引き起こす

② einrichten　　　　調整（整備）する　設備する

機関や組織などを新設する

③ hinrichten　　　　処刑する　　（視線などを）向ける

（食事などを）準備する

② einrichten　　　　調整（整備）する　設備する

機関や組織などを新設する

①anrichten は、「整える」の中でもご馳走を見目麗しく**「配膳し」**、客人やご主人様の食事を整えてさしあげるのでしょう。昔は日本にも女中さんと呼ばれる職業があったし、欧米では召使が配膳したのでしょうが、今はご主人様自ら致すのが当たり前。まこと民主主義の世の中に。食卓というピンポイントに食器を並べ「整える」ことから anrichten を理解できそう。でも「起こす」にしてもなぜ**「不幸や災害を引き起こす」**のか。人畜無害なのに不幸を引き起こされてしまったら苦労し甲斐がない。多分悪い奴らを蔓延らせないように神様が「裁いて」、天罰、即ち災厄を与えるのがその趣旨であって欲しい。善男善女を巻き添えにしないで悪人どもを懲らしめ、成敗してもらいたいものだと、時代劇ファンの切なる願い。

解説順序がひっくり返りますがご容赦いただいて、③hinrichten は、元々「あっち向いて hin＋richten ホイ！」と視線などを**「向ける」**ところから出自したのでしょうが、主流派は根暗で「あっち向いてホイ」どころの騒ぎじゃない。裁きを申し渡し richten、この世からあちらに hin **「処刑する」**。雅言葉とのことにせよ涙を誘う。どうしてそれほど辛苦をなめならなきゃいけないのか、不幸や災害を引き起こす anrichten と共に世の末、人生のあまりにも哀れな末路。かと思えば他方では anrichten の「配膳する」に似て**「食事などを準備する」**と明るい時もあり。まさか処刑前、独房の最後の晩餐ではあるまいに、と思いたい。

これに引き換え、②einrichten は「中、内部を ein＋richten 整える」。即ち住居や事務所の中に、使用目的に沿って家具・事務机等々を整えつつ**「設備し」**、部屋らしく仕立てる。**「調整【整備】する」**のは機械に限らず、何かを何かに適合・順応させ、あるいは都合をつけたりと流石 ein！一つに纏める調整能力。あるいはまた、モノではなく体制を整えるために**「機関や組織などを新設する」**ことまで。hinrichten とは真逆の明るい未来に向かって。

29　rufen

呼ぶ　叫ぶ

① anrufen　　呼びかける　電話をかける

② zurufen　　大声で伝える　人に呼びかける

①anrufen と②zurufen とのニュアンスの違いは結局 an と zu 双方が有する方向指示器＆距離計の精度差だと思える。ドイツ語の an は、in と比べると狭い範囲で接触している状態を指す。これに引き換え zu は英語の to に近い。とは言え、英語の to は、方向が大体定まっても、「学校に行く」から「ドイツに行く」までその範囲は際限なく広がるが、ドイツ語に nach あり。とある国や村町市に行くのなら先ず nach が出動する。（少数派の定冠詞付き国名になると例外でして。z.B.　in die Schweiz）そして、学校などの施設に通う、行く時には zu。入館入室にスポットが当たれば in。相互比較すれば「an＝点」「zu＝延長線」「in＝中へ」

　①anrufen は、相手を特定してスポットに向かって**「呼びかけ」**たり、遠くであっても受話器と受話器とを結んで（近頃は結ぶのが線でなくて電波ですが）相手スポットに対して呼びかける、**「電話をかける」**。蛇足ではありますが、電話で話をすることは別の単語で telefonieren。anrufen はあくまで相手スポットに向かって電話機で呼びかける、即ち電話をかける行為。

　これに対し②zurufen は、大体方向を定めるのでしょうが、ともかくそちらの方に向かって**「大声で伝える」**こと、即ち大きな声を出して**「人に呼びかけ」**たり、何かを伝えようとすること。zu だから相手スポット直撃ではないし、距離も不明。着地不明瞭。方角だけはほぼ間違いない？が、辺りの人たちからサルにまで一斉に振り返られたりしそう。

30 sagen

言う　話す　主張する

① absagen　　　　取り消す　不参加を伝える　断る

② ansagen　　　　通告・アナウンスする　伝える

③ nachsagen　　　後から（繰り返し）言う　口真似をする
　　　　　　　　　噂する

④ vorsagen　　　　朗読する　そっと教える

⑤ zusagen　　　　約束する　承諾する　気に入る

離れたり落ちたり、取ったり取られたりの ab 。人間関係ならば、不仲な二人。たとえ何センチでもいいのでもっと「ab 距離を置き」たい。そのために「言葉を発する」①absagen 。これを以て、「あなたとは距離を置きます。一緒に居たくありません」と意思表示される。場に応じて**「取り消す」「不参加を伝える」「断る」**と訳は多彩だが気持ちは共通。政治ニュースで頻繁に登場する語彙のひとつ。

　動詞で②ansagen よりも、名詞の Ansager（アナウンサー）の方が馴染深い。アナウンサーがマイクに声を一点集中 an し原稿を読み上げ**「アナウンスする」**。「人質を解放しなさい」と拡声器で犯人に an 向かい**「通告」**し警察の決意を**「伝える」**。野次馬、観衆にも包囲され angesagt「人気がある」と誤解する犯人。

　③nachsagen　先生の**「口真似をし」**ながら、先生の「後から繰り返し言わされ」てモノになった（つもり）ウムラウトの発音。「後から（反復の）nach＋sagen 言う」文字通りと言っていい。ならば**「噂する」**に至る経緯は？噂話の主人公が茶飲み話のその場に居合わせたのでは噂話にはならないですから、件の人が帰った nach 後でするのが噂話。また一説によれば「劣等（nach の一語意）な人間が話すのはいつも自慢話と悪口雑言、他人の噂話」なんだそうで、それも一理ある。

　④vorsagen　vor は「前」。丸い地球（地理学上はジャガイモ形）、前に向かい叫べば後ろからこだまで戻って来るそうだ。そうは言っても声量には限りがあり、人前で**「朗読する」**か、誰かの耳の前で**「そっと教える」**のが限度か。

　⑤zusagen は比較的よく目・耳にする。誰かに向かう zu に、何かを「授与 zu」するニュアンスを色濃く添え**「約束、承諾する」**。方位が反転、こちらに向かい私に**「気に入る」**。　いいよ！とそちらに承諾を与えるのと表裏一体、相互作用。

31　schauen

見る　眺める

① anschauen　　熟視する　鑑賞する　眺める

② zuschauen　　ものを見物する　傍観する

32　schlafen

眠る　ボンヤリしている

① ausschlafen　　存分に眠る　ぐっすり眠る

② einschlafen　　眠り込む　廃れていく　大往生する

先ほどの anrufen と同じように、an でピンポイントを見る。
　①anschauen には「**熟視する**」が一番それらしい。「**鑑賞する**」即ち、作品を理解し感動を得るためには、やはりしっかり良く見ないとね。「**眺める**」は、「元の schauen とどう違うの？」といぶかしがる向きもおありでしょうが、両目に力を入れてじっくりと眺めるのでございましょう。

　zu は大まかな方向と言った按配で、屋外をイメージすると②zuschauen は「**見物する**」だけで目が点にまではならない。屋内でも歌舞伎座４階席からの高見の見物は別格で仁左衛門、玉三郎には眼が点になるけども、劇場と言う空間も広いですから吉右衛門、扇雀丈の演目では zuschauen。先の「鑑賞する」では絵画など狭い館内が普通なので an を冠っているのと好対照。ゴッホの「ひまわり」がひのき舞台に飾られてもねえ、オペラグラスでも見えません。「zu＋schauen」が「**傍観する**」になる訳も御同様で、一応は視線を向けるにしても「あっしにゃぁ関わりのねぇこってござんす」程度で気はそぞろ。an では zu よりも注意深く見ているとのニュアンスがこの①と②のズレ具合から伝わって来ます。

　Bayern で大変お世話になった方が箱根にお見えになった時、その日一日の案内のために朝方旅館を訪れ、この分離動詞①ausschlafen の過去分詞「よく眠れましたか？ausgeschlafen」からその日の会話が始まった。きっと「終了」「完成」の aus でしょうね。「**存分に眠る**」そしてその眠りから開放され「アー、『ぐっすり眠った！』」との満足感が溢れる。

　続く ein は「入り込む」の意で、これから素直に②einschlafen「**眠り込む**」。風習や道義までも眠り込んでしまい「**廃れていく**」。「**大往生**」し永久の眠りにつく。

33 schließen
閉じる　締める　終える　締結する

① abschließen　　閉める　締結する　完了する

② anschließen　　つなぐ　接続する

③ aufschließen　　鍵を開ける　開く　解明する

④ ausschließen　　締め出す　除外する

⑤ einschließen　　閉じ込める　取り囲む　封鎖する
　　　　　　　　　包括する

離れたり落ちたり、取ったり取られたりの ab でありますが、ここでは「遮断」の ab と受け取ることに。「schließen＝閉めて」しまえば安全安心。①abschließen ドアを「遮断し ab＋schließen 閉める」。屋上屋、ダブル**「閉める」**。空き巣に注意しなくては。待てよ、誰かを人質に取り部屋に閉じ込めておいて身代金奪取に出かける気なのかも。交渉ごとが決着して会議の円卓を離れドアが閉められる。あるいは議事を、交渉を締める。この模様を**「締結する」**と。鳳神社酉の市。熊手の売買契約を締結し「では佳いお年を、いよー！」と景気良く三本締め。「これでさらばと ab＋schließen 締め」て、即ち取引が**「完了する」**のも納得。

　②anschließen では、「接して an＋schließen 締める」から**「つなぐ」「接続する」**。交通情報でよく耳にするように、鉄道やアウトバーンの接続、つなぎなどに度々登場する。

　③aufschließen は、閉じられたものを auf する。この場合「auf＝上へ」というよりも「auf＝開放」の意を受けて**「開く」**。締められている**「鍵を開け」**たり、事件解決の鍵が入った金庫？を開けて、即ち**「解明する」**

　④ausschließen は英語なら「シャットアウト！」といったところ。追い「出して aus＋schließen 鍵を掛け」てしまうから**「締め出す」**。**「除外する」**のも方向性は同じで、対象が人か物かで適宜判断することにしよう。

　⑤の方向は④と反対。ein だから中に入れて締めてしまう。⑤einschließen **「閉じ込める」「取り囲む」**。大学で昔流行ったのが学舎を**「封鎖する」**。講義も試験も封鎖され時には教授が閉じ込められたが、大学の存在意義は ausschließen された。概念的には**「包括する」**。確かに、ある概念中に包み閉じ込んでしまうからね。

34　schreiben

書く　記述する

① abschreiben　　書き写す　複写する

② zuschreiben　　書き添える　名義を書き換える（譲渡）

転嫁する　人のせいにする　負わす

うんちく・がんちく　その18

格に効用あり。嫌うべからず

日本語には「てにをは」がある。主語なのか目的語なのか補足なのかがそれぞれこれではっきりする。ご存知のようにドイツ語では文の主な要素である主語や目的語には前置詞は要らない。「てにをは」ももちろんない。それでも「これが主語」と分かるのは、冠詞や形容詞の格がしっかりしているからこそ。だから語順がパズルのように前後しても大丈夫。「誰が、何に、何を…を表現するものだから、格とは即ち『てにをは』である」と、とりあえず理解すれば少し気が休まるというもの。

また、S・O・C以外の役柄に名詞が登場する時は前置詞が助っ人に駆け付ける。それぞれの前置詞に合った格の冠詞や形容詞などが名詞に与えられ、かくして情景が更に鮮明に彩り豊かに伝わる。でもねえ、性を筆頭に、格、複数、冠詞と、日本語にはないアイテムが、しかも多彩。だから言い間違って当然。落ち込まず慣れるが肝心！それに、この福読本 Nr.2 の華『うんちくがんちく５３』をお読みいただいているあなた、「工夫と努力(?)次第で覚えるべき文法は少なくて済むぞ」と胸を撫で下ろすことも出来そう。。

書いたものを ab 「分離、奪取」するのだから、①abschreiben「書き写す」とか「複写」はそのとおり。期末試験前を思い出す単語。（試験中ではなく）

　②zuschreiben が少し厄介。契約書類などに何らか「書き添える」というのは zu の機能の一つに「添加」があるから分かるとして、「名義を書き換え」られてしまうと大切な不動産が他人の手に渡ってしまう。「これは私の責任です」と書いた始末書の名前を勝手に書き換えて、罪のない赤の他人に責任を「負わす」。言葉を替えればあの「人のせい」だと、自分のせいじゃないわと責任「転嫁」してしまう。zuschreiben がグローバル化に乗り世界中に蔓延ってしまった現代社会。

うんちく・がんちく　その１９

かのスイスでは「…の」２格は絶滅！！？？
永世中立国 die Schweiz 。フランス語と並んでドイツ語ももちろん母国語、公用語。という触れ込みだから、「会話なら任しょー！」と自信を持って入国したスイス。ところが都会の Zürich に居てさえ、親しく話しかけてくれる、答えてくれる言葉がさっぱり分からない。茫然自失の有様の日本人 W 氏に、やっと事情を呑み込んだ方が、にこやかに「分からなくても無理はないよ、ここではシュヴィーッチャーデューッチュを話すのだからね」と。こんなに発音が違うのだから文法的、表現的にも差があるだろうと思っていたところ、ある情報によればスイスでは２格が絶滅しそうだというのである。わたしには全くありがたいことで、ドイツ語が誇る２格の des の響きが強くて馴染めず。von がずっと柔らかく、おしゃべりは大抵 von で。とは言っても、日本語作文で「の」が続くのは二つまで。「von だけ」と拘らず、２格も挟み色取り良く仕上げたいものだ。

35 sehen
見る　見える　会う

① ansehen　　注視する　みなす　思う

② aussehen　　‥のように見える　様子である

③ einsehen　　見抜く　理解する　調べる

④ nachsehen　　見送る　調べる

⑤ umsehen　　振り返って見る　見回す

sich⁴/ 見て回る

この sehen もまた主要な動詞のひとつでございますが、まずはトップバッターの an。これは英語の at 、触れ合いポイント、密着型です。他の基礎動詞の時も、zu が指定出来るのはもともと方向（まで）で、an のようにピンポイントには至らずとの経験値からして両者は対照的なので整理して覚えやすい。で、an ならば着地点がピンポイントで指定されるのだから　①ansehen **「注視する」**。注視しても、真偽の程は、見るだけでは必ずしもパーフェクトにつかめるものでもなく、まずはそう**「みなす」**っきゃないことも世の常。　**「思う」**ということは、この際**「みなす」**ことと同じ意味に理解。注視した結果こういうものだと早？合点して**「みなす」**ことになるのでしょうね。

　「外 aus＋sehen 見（え）る」の融合形で、②aussehen は外見。**「のように見える」「の様子である」**と。これに騙されないように注意しないと。

　③einsehen **「中 ein＋sehen 見る」**の融合形で、基本的に「中身が見える（分かる）」こと。訳すとなると色々な日本語が当てはまり、**「見抜く」「理解する」「調べる」**それぞれ「中身が見える（分かる）」からに違いない。

　④は「後ろ(場所や時間が)nach＋sehen 見る」の融合形で、去る人を後ろから④nachsehen **「見送っ」**たり、間違いがなかっただろうかと気になったりして「後で＋見る」即ち、「見直す」ことから**「調べる」**にもなる。

　「回り um＋sehen 見る」だから、⑤umsehen 首をくるっと回して **「見回す」「振り返って見る」**はよく判ります。全く注釈要らずで**「さみしいっ！」**。昔の講釈師 Z 師匠の決まり文句だった。
　定年後には再帰(再起？)して die ganze Welt を sich umsehen **「見て回る」**ぞ！

⑥ wiedersehen　　**再び見る　再会する**

⑦ zusehen　　　　**見る　傍観する**

うんちく・がんちく　その20

なまってるよ！キミ。ウムラうキミ

話は逸れるが、かの国もわが国も各地で独特の単語、音、アクセントがいい味出しているのに、方言と疎まれる御時世でして。S市育ちのK君が進学のため上京し、教授の娘、いいとこ（良家）のお嬢さんにこう啖呵を切った。「おめえ、大学生にもなって『ひどろしい』を知らねえずらか？」S市でも郊外になると「ひずらしい」と訛ることは彼も知っていたが、ご当地以外、全国的には一斉に「まぶしい」と訛ることは知らなかった。

さて、本題に戻ろう。角が取れて！と賞賛すべきか？原色と違い地味で控えめ、中間色のような、ドイツ語ならではの味を感じるウムラウト。「発音が難しくて」「馴染めない」などのご意見はさて置き。ともかく不規則動詞中のaはウムラウト生みの親、絶対王者と呼べるほどの代表選手。日常頻繁登場動詞に（a アー)が入っていると三人称単数現在で訛ってしまう、ウムラってしまう（ä エー⁉）こと甚だしく、むしろ主流。対照的に、過去分詞ではaだけでなくo,u,au共々ウムラウト化しないのは七不思議のひとつ。

他方で、不規則仲間ではあってもウムラウト無関係のsprechen等のeでも訛る。このときはウムラうんじゃなくaやiになったり、過去分詞ではoになったり。でも、動詞全体を見渡して勘定した結果を見ても頻出・主流派に属する不規則動詞にこうした訛り（？）が多いということは、お目にかかる、覚えるチャンス多いんだから、恐れることなし。いや恐れる？ならば、話法の助動詞を使ってやれれば動詞は本来の不定形でいいのだから、困った時にはこんな策もあるわな。話法の助動詞に危ういところを助けられ。

（**「助」**動詞だものね…）

次は御存知リリーマルレーンで繰り返しメロディーに乗って⑥wiedersehen 中国語だと再見（ザイジェン）「**再び見る**」「**再会する**」。古今東西。

方向を示す「zu」の精度が甘いところは全く ansehen で解説したとおりでして、⑦zusehen だからピンポイント指定までせずに、「大体その方向を『**見て**』いなさい」くらいの気楽さで、そのまま「**傍観し**」気楽にしている。

うんちく・がんちく　その２１

Du,Ihr　新参者には１０年早いわな

近頃はドイツ国内の語学学校から NHK 語学講座まで、ドイツ語を習い始めようとすると最初から互いに Du で呼び合う定めになっているようだ。確かに教室には若い人たちが多いし、「仲間内なんだからさあ、Du で行こうや、君」との校長先生のご英断かもしれない。でもねえ、生徒は仲間内で会話するために勉強するのではない。社会に通用するドイツ語を学びたいのだ。思い起こすと、学ぶ意欲が減退するその筆頭が動詞や形容詞、冠詞などの変化の複雑さ。必要な変化はいつかしっかり身に付けなくてはいけないけれど、学校内ではなく社会人として必要な主語は、Du,Ihr ではない。後回しで構わないじゃないか。それに Sie や Wir などの複数現在には動詞も不定形のままでいいのだ。Du,Ihr を見逃せば、現在形なら動詞の語尾 2 種類だけ。わたしは e よ、彼、彼女は t よ。悩まずに殆どマスター。例外という輩も中にはいるけれど、出来るだけ単純化しよう！このように、不要不急の輩を覚えるのを後回しにすれば大事なことが早く頭に入る。主語系の単語であってもね。かつて、日本の先生方は生徒を語学嫌いにするコツをよく心得ておいでだった。ドイツ語が飛び抜けて？と言いたくはないが、思うに、ドイツ語教養主義、古き良き旧制高校の伝統だった…。学び手は去り、それにもめげず「自分だけはドイツ語が分かる」とご満悦？ 恐悦至極に存じ奉ります。学生たちが必要なことをしっかり身に付けるためにも、ドイツ語ファンを逃がさないためにも、学んでハッピーになる授業を頼みますよ、先生。

36 setzen

置く　座らせる　設立する　定める

① aussetzen　　外に置く　さらす　一時的に中止する

② auseinandersetzen　　説明（分析）する

　sich⁴/ 議論・論争する　話をつける　取り組む　対決する

③ durchsetzen　　やり通す　貫徹する　実施する

　sich⁴/ 地位を確立する

④ einsetzen　　入れる　差し込む　力を尽くす

　任ずる　配置する

⑤ entgegensetzen　対立させる　対比する

　sich⁴/ 反対する　対抗する

⑥ festsetzen　　決定する　期日を決める

①aussetzen のうち「**外に置く**」は文字通り。「**さらす**」江戸時代は人目に付く通り沿いにさらし者にされたりもした。aus は「**中止**」。まだ続くはずのスケジュールが一旦「設定を setzen＋ aus 外」され「**一時中止**」。「後日再開するから」と肩を叩かれる事情は、長く人生していると数え切れず。痛いほどよく分かる。

厄介者は②auseinandersetzen　　aus は別離の元凶につき、「**論争、議論、対決**」は別離の原因・結果だ。「**分析**」？　試料を物質別に分ける。「**説明し、話をつけ、取り組む**」も別離か？　と悩むけども auseinander は、逆に「お互いから」と集束にも向かえるのだと。ニュース番組を聞く限り登場頻度はむしろこちらが主流か。

　③durchsetzen では、ど真中に照準を定め貫く durch が気持ち良く「**やり通す**」「**貫徹する**」、意志を貫き不屈に「**実施**」し、その積み重ねで「**地位を確立する**」

　④einsetzen では ein 自体に「**入れる**」の意あり。「**差し込む**」は「中に ein＋setzen セットする」から。自分の力を仕事に入れ込み「**力を尽くす**」。あるモノや職員を然るべきポストに入れ込み「**配置する**」、あるいは「**任ずる**」ことになる。

　「に反対して」「逆らって」と頑固者抵抗勢力の意味合いを加える entgegen を冠ると、古く戦国時代ならば敵を正面にして大将はどっかりと床机に腰を下ろし、⑤entgegensetzen「**対立させる**」。またある時は対象に「向かって」己を映し、即ち「**対比する**」。再帰動詞になり自分自身 sich を従え「**反対する**」「**対抗する**」

　「確かに」の fest を冠ると⑥festsetzen「確実に fest＋setzen 定める」訳だからして「**決定する**」。決定する対象が日取りならば「**期日を決める**」

⑦ fortsetzen　　続ける　続行する

⑧ voraussetzen　　仮定する　前提とする　推量する

37　sprechen
話す　しゃべる　物語る

① aussprechen　　発音する　言う　述べる

② freisprechen　　無罪を言い渡す

③ mitsprechen　　一緒に話す　声を合わせ言う（祈る）

口をはさむ　電話が混線する

同時に重要（問題）になる

⑦fortsetzen は「前方に、引き続き fort＋setzen セットする」から**「続ける」**
「続行する」他あるまい。名詞で Fortsetzung。「継続、続行」に加えて「連載」ま
で。【ドンと来い】ワールドは今回【うんちく５３＋北ドイツ村紀行】が受け継ぎ。

「前もって」の voraus に伴われれば、「予め＋セットする」ことになるから、
⑧voraussetzen 考えごとをするにあたって、ある条件などを**「仮定する」「前提**
とする」。この二つとは少しニュアンスがずれてはいるが、ある結論を「こうでは
ないか」と、前もってイメージ、頭の中でセットすることから**「推量する」**

きちんと sprechen しているつもりなのに、h が抜けてしまうのがフランス人の
英語だと聞きましたが…。　だから、いつもしっかりと声を aus 出すんですよと、
①aussprechen**「発音する」**訓練が必要なのでしょう。うなずけます。**「言う」「述**
べる」にしても、口先だけではなくもっと奥の心の内を披瀝する度合が、aus 抜
きの単に sprechen の時より少しばかり強調されるニュアンスがあるのでしょう。

②freisprechen は、知らずんばまさかこんな意味になるとは想像だにできませ
んが、「君はもう自由だ！」**「『無罪』を言い渡す」**裁判官の気持ちになれば実に気
持ちがいい単語で、気に入っていただけましたでしょうか!?

「mit＝一緒に」が、「空間的にごく近くにいる」だけでなくて、「時間的に一緒
即ち同時」ということをも表すのは、日本語、ドイツ語とも共通でありまして、
③mitsprechen**「口を挟む」**のは、嫌われても「sprechen 話の仲間に mit 一緒に
入れて」と「一緒に話す」切掛け作り。同所同時に話すのは、本堂で和尚さんと
「声を合わせお祈りする」法事。**「電話が混線する」**のは皆一斉に電話する結果。
「重要（問題）になる」からこそ、今こうして皆一緒に話すんじゃありませんか。

38 steigen

登る　乗る

① absteigen　　　（車や馬から）降りる

（山などを)下りる

泊まる

② aufsteigen　　　立ち昇る　生じる　乗る

③ aussteigen　　　下車する

④ einsteigen　　　乗り物に乗り込む

旅行用日常会話入門では最重要単語のひとつである steigen だし、前綴りと一緒になっても脚色は自然な成り行きだから、さして説明も要らないくらいで解説者泣かせではある。①と③が殆ど同じ意味になるのだけれど、元を正すと ab は「下方に」、aus は「外に」というほどの差。乗り物なら①absteigen　③aussteigen 両者結局同じ行為。外に出るだけでは振り落とされるし、だからと言って飛び降りる訳にもいかず（かつて列車から飛び降りた友達がいたけれど）Gleis（駅のホーム）に列車から**「降りる」**。ホームに下りるくらいではベクトル的には ab と aus の中ほどか。縦走の健脚者は別として、山頂からは ab 下るしかないから**「下山」**し、黄昏時に麓の宿に入る。草鞋を脱ぎ、たらいで足を洗い**「泊まる」**。

　②aufsteigen ではホームやバス停から乗り物のステップを上がる様子が手に取る様に分かるし、正に**「乗る」**のではあるけれど、ステップを下りながら乗る遊覧船や艀（はしけ）などにはしっくり来ない欠点あり。**「立ち昇る」**は「auf＋steigen」そのものずばり。地球上では大概のものが、えてして地中など下の方から立ち登って来るが、その様子を**「生じる」**と表現する。

　③aussteigen は、①で解説したとおり。しかし「外に aus＋steigen 乗る」と因数分解すると、三輪バスの手すりに、あふれた乗客がしがみつく、かつての東南アジアを思い起こすのですが、**「下車する」**ことであるのをお忘れなく。安全第一。

　④einsteigen は、ein が**「乗り物に乗り込む」**雰囲気を醸し出す。ところで ein は副詞で「中へ」。しかし、「ひとつの」を表す不定冠詞、基数詞で登場する方が多い。der Eine は神様。ドイツ鉄道 Bahnhof の Gleis（番線ホーム）。3号車ドアがどの位置になるか停車するまで分からない！その都度、重い鞄を抱えたシニアが最寄りのドアを求め殺到。「一つ」に纏まりやっと電車の「中へ」。二重の ein。

⑤ umsteigen　　　乗り換える

うんちく・がんちく　その２２

話法の助動詞を嫌うべからず～使い勝手良し、処世に必須
どうも馴染めない名付けの「話法の助動詞」。ある時は話し手の強い意志を伝
え、またそれと裏腹に、動詞だけで強く言い切ってしまうのには抵抗がある
時に挟んで、１００％明確過ぎて摩擦・軋轢がギシギシ鳴りそうなところを
オブラートに包み、保険を掛ける役回りと見受けられる。
説明しよう。dürfen, müssen, sollen, können, wollen, mögen　それぞれ「許
される、しなくてはならない、…べきである、出来る、したい、好む」とい
った意味になることが多い。その後ろに動詞を従え、それを許し、命令し、
あるいは意向を聞き、意志を伝え、可能か否か自己主張する時もあれば、欲
しい、好むと人間らしくもあり。意味内容はそれぞれであっても、話法、即
ち、話し手の何らかの心情の吐露、主張と受け止めて温かく包んであげたい
ものだ。これを使うと、ある意味、事実関係をぼかす効果が生じる場合が多
く、そのお陰で、自分が一歩下がって相手を立てたいシーンでは sollen なん
ぞの活躍が目覚しい。しかもその上、人称変化については、Ich と Er などの
３人称単数とでは主語が異なるのに人称変化に違いなし、同じと、大変親切。
動詞は主語 Ich と Er の時で違うのにねえ。おまけに動詞は常に不定形でＯ
Ｋ。例文 Ich(Er) muss 〇〇 trinken. 特に、これら『話法の助動詞』を接続
法Ⅱ式の形にしてあげれば人間関係が一段と良くなるというもの。Ⅱ式で大
いにボケ、寛大に受け入れられる。かく言うわたしは sollte 党。「だろう」「し
ましょうか？」「していただけたらなあ」

２番線から５番線に um 回って、列車を⑤umsteigen「乗り換える」になるの
もうまいね。今回この本では全ての分離動詞を網羅する訳にいかなかったので落
とされているけれど、「aufheben・命」の社会学の教官が母校で教鞭を取ってお
られた。ヘーゲルの弁証法教科書に登場するらしいが、「止揚する」などと畏れ多
くも密教の世界の日本語に翻訳し、高尚な学問のように学会の仲間内で格好をつ
けていた時代があった。ドイツでは元々「持ち上げる」程の意味で、普段から子
供も使うのに。哲学と言えば、Dresden G.I.の T 先生のニーチェ解説。bildhaft
でワクワクさせられた。この steigen グループに見られるように、ドイツ語は即
物的で、行為がくっきりと浮かび上がる。「そうばかりじゃない」とおっしゃらず。

うんちく・がんちく　その２３

話法の助動詞～現在完了形の姿は安楽、安泰…そのまんま過去分詞役
ドイツ語会話では、過ぎ去っても過去形を使わず現在完了形で生き生きと表
現する。だから、動詞の過去形は、数少ない例外として war と hatte それに
話法の助動詞（konnte など）たちの、過去基本形（1，3人称）と「あなた、
複数の人や物」対応の＋en　（例えば konnten）、それだけ覚えておけばまず
は足りる。それに加え、ここにもう一人心強い味方が現れる。話法の助動詞
入りの現在完了形では大抵 können は können のままでいい。人称や時称の
変化もせず不定形同形で良しとされる。動詞を見てまた驚く。これもまた不
定形と同じまま。結局、動詞、話法の助動詞とも不定形と全くお変わりなく。
haben を現在人称変化させるだけ。小難しい文法不要がポリシーのわたしに
は、とてもありがたい。早速使おう。Ich habe meine große Liebe heiraten
können.などと夢見てみたいね。初心者には少し馴染みがない語順ではある
が響きが良く、話しやすい。haben が主語に応じ現在人称変化するのは避け
られずとも『動詞・話法の助動詞』は共に不定形同形。Gott sei Dank.これで
一件落着。社会人日常会話生活はいつだってシンプルに限る!!（この用法、副
文では語順が変わるので注意。もっとも、会話中に登場する機会は滅多にな
いので心配無用に）.上の例が副文になれば、こんな感じ。
主語、主文はご随意に、,dass ich meine große Liebe habe heiraten können.

39 stellen

立てる　置く　提出する　設ける　調節する

① ausstellen　　　陳列する　交付する　配置する

② darstellen　　　提示する　描く　叙述する

上演する　・・を意味する

③ einstellen　　　（一時的に）入れる　しまう

雇う　中（休）止する　調節（整）する

④ entgegenstellen　対立（阻害）している

sich⁴/ 反対（反抗）する

⑤ feststellen　　　確認する　確証する　固定する

この stellen もまた分離動詞のデパートでありますが、基本的には「立てる」「提出する」に分離の前綴りのニュアンスが加わって出来ていると考えてやれば、わたし的には比較的理解しやすい。さて、①ausstellen「外に aus＋stellen 立てる（置く）」から**「陳列する」**は道理。倉庫などから持ち出して店頭に？あるいは路上に？**「配置する（商品ばかりとは限らないのだがね）」**。**「交付する」**も書類や通知書などを「外（他者）に aus＋stellen 提出する」行為の一種として理解。

　②darstellen「さあ、これですよ、どうぞ」といった気配の dar ですから、**「提示する」**は然り。どんな手段、方法で？**「描い」**たり**「上演する」**あるいは文章で**「叙述する」**ことで、相手方にはっきり darstellen 目の前に示し、自分の意思やそれが意味するところを汲み取って欲しい。そんな気分の **「…を意味する」**

　③einstellen**「入れる」「しまう」**は ein からしてそのとおり。立ててよし、置いてよし。職員を入れて辞令交付に立たせるから**「雇う」**。stellen だからと言って、立たせっ放しではないでしょうね。**「中（休）止する」**になる訳が分かりにくいが、活動を ein しまい込んでしまう。もう、やめたやめた！　針を目盛に ein ぴたっと嵌め込み**「調節・調整する」**のは、わたしの場合目覚まし時計。

　④entgegenstellen　は、entgegen がそもそも「逆らって」「…に対して」とか「…に向かって」なので、「対して entgegen＋stellen 立たせる」即ち**「対立（阻害）している」**。再帰動詞では自分自身を盾にして断固として**「反抗する」**

　⑤feststellen「確実に fest＋stellen 立てる（置く）」対象はモノだけでなくモノゴトもあり。しっかり**「固定し」「確認」「確証し」**安心したいのが人情。しかし、電力会社の重役が記者会見で宣う「安全を確認しました」は日本語の乱れ。

107

⑥ gegenüberstellen　　対立させる　対比する

⑦ herstellen　　　　　生産（製造）する

⑧ herausstellen　　　　外に立てる　明らかにする

　　　　　　　　　　　sich⁴/ はっきりする

⑨ vorstellen　　　　　紹介する　前に置く　演じる

　　　　　　　　　　　sich³＋etw.⁴　想像する

Brake
　11.11.2016
北海の海の幸を

水運盛んな Weser 川。河口から 30km。澄み切った北海の空。国旗を高く誇らしげに掲げる漁船。高潮から町を守り景観を創り出す土手。ヒラメが主役の小水族館が背後に。

⑥では④の entgegen に対する gegenüber の微妙なニュアンスの違いが滲む。⑥gegenüberstellen の訳の内**「対立する」**は entgegen…と同じであるが、gegenüber は、「対立させる」という意味にもなりうるものの、「反対する」というのではなく、そもそも「向かい合う」のが本旨。だから、さしたる違いがあるわけでもないのに「とにかく絶対反対！！」という政治家同士の犬猿の仲ではなく、**「対比する」**という平和な未来志向がむしろそれらしい。

⑦herstellen では、「こちらの方に」向かって「提出する」のが元々の方向性であるからして、職人がわたし達お客様に提出してくれるものは？と問えば出来上がった製品な訳でして、**「生産（製造）する」**その成果を享受させていただける。

⑧herausstellen は、こちらに向かって**「外に（出してきて目の前に）立てて」**くれるので、それならきっと wer？ was？などが**「明らかになる（する）」**。だから、再帰動詞として現れる時にも同じように**「はっきりする」**

⑨vorstellen 「前に vor＋stellen 立てる」から**「前に置く（立てる）」**。抽象化されても理解しやすく、自分を観衆の前に立てれば**「演じる」**し、初対面の人の前に立てば（自己）**「紹介する」**。再帰動詞で sich3 格を取り**「想像する」**は？目を閉じ瞼の裏、眼球の前にイメージを立てる、描く、から？と想像するわたし。

109

40　teilen

分ける　区別する　分配する　分割する

① einteilen　　分ける　分割する　分配する

② mitteilen　　伝える　打ち明ける

うんちく・がんちく　その２４

セットで覚えてネイティブ気分に～　再帰動詞に連れ添う前置詞

再帰動詞、例えば　Ich sehne mich nach…. などの言い回しがとってもいい気分。再帰動詞からはこのように穏やかな響きとリズムを感じられ、なにかネイティブになったような満足感に浸るわたし。時々は勇み足で、再帰動詞でないのに余計な sich を入れてしまうこともあり反省するのではありますが。例に挙げた sich sehnen（憧れる）にしても、その対象者をどう導くの？と問えば、文章構造上、目的語が sich（大概４格）に取られてしまった上は、前置詞の先導を願う他なく nach が呼び出される羽目になるという結末でして。でも何はともあれ、ich を主語に再帰動詞、前置詞、冠詞、名詞までフルセットで自作自演の夢物語を拵え馴染んでおくと忘れないものです。ドイツ語会話コーチとしては是非、Ich freue mich über Ihre Deutschstunde. と言って欲しいですよね。（この über のような「３，４格支配」と言われる８種類のカメレオン前置詞には悩まされますが、上の要領で、手前味噌例文を作り練習しましょう）

ついでながら、３格は日本語の「～に」、４格は「～を」に当たるとは必ずしも言えず感覚にズレがあると言いますが、二言だけ慣れておけば先ずはＯＫ。Ich helfe dir bei ../Ich frage ihn nach..(Sie fragt mich über..)

①einteilen は「一つ（ずつ）ein＋teilen 分ける」。だからと言って、必ずしも常日頃一つずつ皆に**「分配し」**たり**「分ける」**とは限らない。時には**「分割する」**だけで分け前にありつけないこともあり。

次の②mitteilen は「共に mit＋teilen 分かつ」からして、日本人の感性に馴染む表現。情報や気持ちを共に分かち合えるよう**「伝え」「打ち明ける」**のです。
　　ホウ・レン・ソウ（報告、連絡、相談）は人間社会生活の基本だからね。

うんちく・がんちく　その２５

前置詞に悩まず、冠詞に動じず

「わたし　ランチ　昼　メンザ　ビール　飲む　ないね」日本語習い始めのおじさんが「てにをは」にまだ慣れなくてこんな風に話しかけてきたとする。おかしな日本語だけど、言っていることは分かりますよね。例えば中国では「我去学生食堂吃午饭，但是没喝啤酒」と前置詞、冠詞なしで事足りる訳で。思いついた単語をそのまま声に出して！語順は後日再考と割り切って。英語やドイツ語も同じ。師二言目には曰く。「S,O,C 以外では前置詞が必要である、格変化がどうのこうの、初めて登場する名詞には不定冠詞の ein をかぶらせるがその後は定冠詞に、とかなんとか…」複雑な規則に則って書ける、話せるに越したことはないでしょ、でも「わたし文法知らないあるね。（どこかで聞いた言い回し？…）」と開き直ろう。何度も間違いながら纏まって行くもんだ。「そのうちなんとかなるだろう」と植木等も歌っていたじゃないか！ダメなのは、肝心の名詞は知っているのに、性や格、冠詞、前置詞などの選択に今一自信がないと口を閉ざすこと。これでは楽しい会話が始まらない。ご飯にありつけない。テレビ露出度の高い外国人タレントたちの日本語スピーチ。「聞いて、聞いて！」と威風堂々。話者満足。視聴者納得。

41 tragen

運ぶ　持って行く　担う　身に着けている

心に抱く　耐える　実を結ぶ

① antragen　　申し出る　提議する

② auftragen　　上に置く　委任する

③ austragen　　配達する　運び出す　耐え忍ぶ　解決する

④ beitragen　　寄与する　貢献する　寄付する

①antragen「申し出」たり「**提議する**」には決まったお相手が不可欠で、例によってピンポイント指定の an を相棒に、「そちらさんに」意見や提案などを「持っていく」から申し出や提議になる。

②auftragen では、「上に auf＋tragen 持っていく」から「**上に置く**」のは道理。「**委任する**」はチト捻れるけれど、「これをお願いします」と深々お辞儀をして（ドイツ人が？）何かを頼む時には物理的に当然相手の頭が上になるわけでして、そんな所から「委任する」になるのかと私こと日本人は覚えておきましょう。代理人は「i. A.」（im Auftrag） として文書に署名するのでしたね。

③austragen は文字通りで、自然に思い浮かぶのが「外に aus＋tragen 運ぶ」から「**運び出す**」。今手元にある荷を倉庫から出して先様に運び「**配達する**」。苦痛を自分の身体や心から運び出して「**耐え忍ぶ**」とは、なるほど。頭を悩ました問題を運び出せば一件落着、「**解決する**」

難しいのが④beitragen　　beitragen が「付近」「接近」「側に」の bei を冠ると、なぜ他者に「**貢献し**」「**寄与し**」「**寄付する**」の意に転じるのか？神社仏閣に参拝する時のことを思い出してみよう。阿修羅様や薬師如来様の御掌に直接お供物をお納めることはあるまい！？ね。大概、賽銭箱は像のずっと手前に据えられている。チャリンと聞こえても仏さんチームは直接受け取らないシステム。寄付、寄贈する篤志家のためにお堂の中、手前に堂内室があり、かたわらで修行僧が「ようこそ」と出迎える決まり。で、「かたわらに bei＋tragen （お供物や寸志を）運ぶ」ことから beitragen が「寄付・寄与・貢献する」の意に転じる。と覚えよう。

113

⑤ eintragen　運び込む　記入する　登録する　もたらす

⑥ vortragen　持ち出す　報告する　述べる　講義する
　　　　　　　朗読する　演奏する

うんちく・がんちく　その２６

思い起こせよ文の型〜主動補目その基本組み合わせ５通りしかなく
英語で習った「SV, SVC, SVO, SVOO, SVOC」　ドイツ語も、前置詞が要らないがっしりとした基本構文は英語と同じだと信じて言葉を紡いでいけばまず大丈夫。しかも、Ｖが２番目なのだと、いつも意識していれば、ＯやＣを強調したい時にはこれを頭出ししたり、しんがりに重量級を持っていくことも可能だから変幻自在。性・格には段々に馴染むとしよう。
４格目的語を取る動詞は他動詞と名乗り、動詞の大半を占める。これに対し自動詞は「そのまんま述語」である時ばかりでなく、３格の目的語を取ることもあるがごく少数。しかし意外に日常よくお目に掛かる動詞があり、例文を挙げれば Das Eis mit Sahne schadet deiner Gesundheit. や Ich folge dir. Ich helfe ihr. などだ。４格目的語にはガツンかつ包括的に当たるのに対し、３格のこれらには動詞が優しく接する気配が。なるほど。でも日本語訳では双方とも「を」となることが多く紛らわしいので３格目的語を取る動詞は意識して覚えておこう。
ともあれ、基本的には５パターンだと理解し言葉を代入して行くだけだと割り切れば自信を持ってスムースに話せる。副詞などが出演し彩りを添えたりするけれど、話し手の気持ちの高ぶりで自然に挟まれて行くことが多いし、（S.50 コラム 8 参照）どこに挟んでも叱る人はいないと安心して。

⑤eintragen は全く以って文字通り、ein「入る」であるからして「**運び込む**」。運び込むものが字ならば、紙の上に字を運び込んで「**記入する**」。もしその紙が登録用紙だったら？当然「**登録する**」。世の中いいことばかりじゃないから、災厄を運び込んだりしたらさあ大変。被害を「**もたらす**」。でも悪いことばかりじゃなく「**（御利益を）もたらす**」こともあり。笑う角には福（この福読本）来たる。

⑥vortragen は「前に vor＋tragen 運ぶ」。「**持ち出す**」の表現は austragen でも良いのではあるが、 vortragen はどうも持ち出す対象が物ではないことが多いらしい。他者、人々の「前に」自分の意見、学問の成果や提言、はたまた音楽などを運んで楽しんでもらおうと、（楽しいばかりではないだろうね）口達者、芸達者の必須単語かもしれん。「**報告し**」「**講義をし**」「**朗読し**」「**演奏する**」。時に意見や苦情を（口から前に声を運び）「**述べ**」ながら公開質問状など災厄を運んで来る。

うんちく・がんちく　その27

„ 機関銃女子 " と秘かに名付けた F 嬢の物語

B 大地質学チューターを務める F 嬢。優等生の M 君でさえ追い付けない時があると漏らした程のウルトラ早口。これはヒアリング能力向上・チェックに最高じゃ。1 Semester 頑張ろうと柄にもなく？努力した結果は無残。そして 3 Semester が過ぎ。どうかな？何とか 6 割程度（自分には甘いわたし）分かるようになったかも。聞き取り術の試行期間として大変有用でありました。ヒアリングの参考書では上達が覚束なかったわたし、今こそ打ち明けたい。

1　分からない箇所は置き去り。次に次にと耳を向け。分かった箇所だけで満足。声の大きな飛び石だけでいい。飛び石はいずれ段々に小さくなる。

2　頭の中で翻訳している時間はない。ドイツ語単語が、算盤の読み上げ算のように聞いたなりに耳に残っていれば、後ほど反芻できるんだから。

3　聞き取れた範囲内で質問を自作し F 嬢に質問。返る答えが比較的予測出来るので、ヒアリングし易い。自信が持てるようになる副次効果テキメン。

4　「耳が慣れていないので」と言い訳したい。でも彼女の早口言葉が字幕で映し出されたら理解できるの？と自問。読解スピードを上げなくては。

5　どんな単語が次に出てくるか先読みできるようになればしめたもの。熟語や言い回しなどはワンパターン。一部省略の聞き取りで無欠理解可能。

6　固有名詞を知っていれば鬼に金棒。話題に関する知識の有無もキーポイント。極端な例で、W 氏の C1 ヒアリング。主問題のテーマが屋上緑化。翻訳にも携わった専門分野そのもの！聞く前に答えが分かってしまって。

7　ご安心を！B2 レベルで大学の講義が理解できます。C2 試験に出没する女子大生同士のおしゃべりを聞き取る必要は全くありません。それに、分かって欲しい事柄ならば、少なくてもその部分ははっきりゆっくり話すのが人類共通の心得。早口は内容が乏しいものだと達観していればいいのです。通訳のときにはドイツ人もしっかり話してくれるのが常ですし。

42 treten

歩く　行く　踏む

① auftreten　　たち現れる　登場する　発生する

② eintreten　　中に入る　加入する　起こる　生じる

③ hereintreten　入って来る

④ hervortreten　歩み出る　現われる

⑤ hinzutreten　歩み寄る

①auftreten の訳を眺めてみると皆「上のほうに auf＋treten 歩んで行く」ことの結果であり、古典芸能ファンとしてはとても馴染みやすい。歌舞伎座の舞台に競り上がってくる様。「**たち現れる**」「**登場する**」。例えば雲が「**発生する**」のは水蒸気が上昇気流に乗って天まで昇った結果。

　それが ein になれば②eintreten「中に入って」来るのは道理。気になる彼、彼女がいるので、サークルに「**加入する**」方向。「**起こる**」「**生じる**」はほとんど同じ意味であるが、これはきっとよそ者が中に入り込んで？何がしかの事件が起こる、問題が生じる。彼が、彼女が加入するのと違い、あまり楽しそうでなく。

　③hereintreten は正に「こちらの中に herein＋treten 行く」「**入って来る**」

　それが④hervortreten では「こちらの前に hervor＋treten 歩んで行く」から「**歩み出る**」。誰かが何かが私の前にスーッと歩み出る情景を「**現われる**」と。

　⑤hinzutreten「こちらからそちらに hinzu＋treten 歩んで行く」から、「**歩み寄って**」行くんですが、ぬっと現われて驚かしたりしないようにお願いします。

43 weisen

示す　指示する　教える

① anweisen　　　指定する　指示する

② hinweisen　　　指示する　注意を促す

③ nachweisen　　　指示する　証明する

宿や働き口などをあっせんする

うんちく・がんちく　その２８

in＋dem＝im　in＋das＝ins　なのになぜ　in＋der＝ 一緒になれない？
in に限らず多くの前置詞で定冠詞と合体し、短くなると同時に定冠詞の意味
が軽くなり「その」を強調しなくなるという効用もある。だったらなぜ、in
den, in die は ins と同じように結婚し同じ効用を発揮することが許されない
のだろうか。そういえば mit は全くお呼びがないなあ！？ロミオとジュリエ
ットのように家の掟だからか？性のせいではなく、女性名詞でも例えば
zu＋der＝zur は合体するのだから、結局はドイツ人の口調と感性に合う、合
わないで出来上がったのでしょう。いつか新種の合体発表の日が来るかもし
れません。それまでは in der などでも「その」という意味合いが軽い時は和
やかに軽く発音するよう心がけましょう。

これまでも繰り返し現れたように、an は狭い範囲でピンポイントを示すから、weisen 示す箇所が限定され、①anweisen「指定する」「指示する」と訳されるように、話し手の「これを、ここに」と要求する確固たる意志が伝わってくる。

　「あっちへ！」の hin が乗って②hinweisen も an の時とほぼ同じ意味、と言い切るには少しニュアンスが弱まる気はするけれど、「あっち！」と方角を「指示し」て、道を間違えたりしないようにと**「注意を促す」**。「こっちじゃないの、あっちの方へ！」と！？ das Hinweisschild 交通標識が「あっちに行きなさい」とな。

　で、③nachweisen は？京都に行ったり München に行ったりと、行き先を指し示す働きの nach に導かれて、nachweisen**「指示する」**のだけれど、ここで学校の数学の授業で習った証明問題を思い出してみよう。試験官の「始め」の号令の nach 後に根拠を示しながらせっせと**「証明する」**のであります。証明問題は爆笑問題と違い必ず nach 後から根拠を示さにゃならん。「あっせんする」は講釈に当たり少し考えるところだけれど、当事者のお二人に、あるいは旅人や求職者に nach 向かい目標を定め、宿や働き口など最良の解決策を指し示すことから来ていると思うことにしましょう。しかし、あっせんのチャンス、タイミングに nach 遅れないようにしないと、纏まるものも纏まりません。

aufgeben!!?

44 wenden

回す　向きを変える　折り返す

（時間やお金を）費やす

① anwenden　　指定する　用いる　適用する　応用する

② einwenden　　異議を唱える　反対する

③ umwenden　　向きを変える　回す　裏返す　ページを捲る

　　　　　　　　sich⁴/　方向を変える　振り向く

ある方向に向きを変えるのが本来 wenden の請け負っている意味合いだから、an を冠ればその指示されたポイントに向く訳で、①anwenden「これだ、ここだ」と「指定する」ことになる。wenden を辞書で引いても元々「用いる」の訳は発見されないのでありますが、方向を指定する対象が物や手段だったらどうか？「使うもの、用いるものを指定する」のだとすると、結局「用いる」んじゃなかろうか。違うかしん？（藤枝弁）きっと用いることになるんですわ。しかもピッタリの処に使う、いわゆる適材適所「適用する」。ピッタリかハズレかはさておき、柔軟な思考、柔らか頭で、指定された所で使ってみるから「応用」になる。

　しかし、しかし、なぜ ein を冠ると②einwenden「反対し」たり、「異議を唱える」ことになるのかと考え出すと夜も眠れない。なぜまた ein までも反対！！方向にひっくり返るのでしょう？　ein は「内へ」というのが一般的なのでそこからはどうも「反対」にはならない。まさかストライキの集団の中に自分を入れるから反対する、異議を唱えるになるのだとは飛躍もはなはだしく到底言えないし。この場合、普段あまりお目にかからないけれど ein の持つ「破壊」あるいは「状態の変化」の意から感じ取るべきなのでしょうかね。それとも意に沿わなくて、心を内に閉ざす方向に向かってしまい反対行動に出るのか？根暗だと「異議あり」「反対」になりがちなのは確かだ。

　どんでん返しに「向きを変える」のがこの③umwenden で、um は大抵いつだって回るからして「回す」とか「裏返す」になるのは大変よく分かる。ドイツ語の授業ではテキストの「ページをめくる」時に登場する。自身が「方向を変える、振り向く」時、目的語は当然に「自身」で再帰動詞に。sich4 格＋nach。

121

④ zuwenden　　・・の方に向ける　与える

　　　　sich⁴/　向く　取り組む

うんちく・がんちく　その29

関係代名詞。「…であるところの…」と訳させられたものだった。
関係代名詞に導かれる副文は、後ろから前にと遡り「…であるところの」と翻訳するように習わされた Schüler の頃。もちろんそれは英語の授業ではあったのだけれど。しかしねえ、会話にも登場するのだからそんな日本語翻訳スタイルじゃあ英会話が途切れてしまうがな。「ちょっと待ってね。一度列の最後に行ってくるから」と、しばし絶句…の有様では、むしろ禅問答、阿吽の呼吸の方がお互いの理解が早いかも。主文と同じように、関係代名詞以下の副文もその頭から配列順に心に刻み読み聞くが肝心。それに皆さん、ドイツ語の副文では述語が最後に来る決まり。ラッキーじゃないか、きみ。日本語と語順が近いぞ！だからホッとしよう。それに、見掛ける関係代名詞のほとんどは定冠詞の性、格、の流用だし発音も指示代名詞と同じで強めだから会話の中でも発見しやすい。しかも関係代名詞以下の副文は日本語のように最後の述語に向かって流れて行くのだから自分が話す時も自然に文章が出来やすいものだ。かく言うわたし、個人的には関係代名詞よりも指示代名詞の方が使いやすいし、会話ならば、話題の重点がどこにあるかは声で十分伝えている訳で、どちらを取るべきかと悩むこともなく。でもそこは好みや習慣のなせる技じゃないか。馴染んだ方に手が伸びるのは飲み物も同じ。
例：　　いつもビールの話題で…。Ich trinke gerne Hefeweißbier, das in Bayern besonders beliebt ist. 独り言なれど、Weizen(Weißbier) kann man heute auch bei uns in Japan　genießen. Denn das wird in Gotemba und anderenorts gebraut.

さて、wenden でもまた an と zu との対照はいつものパターンで、
④ **zuwenden** では an ほどにピンポイント指定ではないから**「の方に向ける」**程
度。**「与える」**のはさすがに誰にでもいいというわけにはいかず、特定の人の方を
しっかり向いてプレゼントを。でもねえ、そんなハレの日に受取人がイマイチ曖
昧な zu でよいのか！「与える」には an の方がお似合いだと思うんだがなあ。。
sich の頭を 3 格の方に**「向け」**、「時間やお金を費やし」てせっせと**「取り組む」**

うんちく・がんちく　その30

「regelmäßig aber mäßig」
「Biotopgestaltung an Straßen und Gewässern（道と小川のビオトープづ
くり～集文社）」翻訳出版に当たって、出版権獲得から写真の印刷原版の貸与
等に至るまで筆舌に尽くしがたい御尽力をいただいた Norbert Schenk さん。
更にその後三度、6 週間に亘るバイエルン州政府訪問・現地見学・ディスカ
ッションで中心になってお教えいただき、日本の近自然河川工法などのその
後の広がりに大いに貢献された。北海道大学で講演していただくためにお招
きした際、ビールを片手に野幌自然公園を二人で歩く機会を得たが、カニを
解しながら「バイエルンにはこういうことわざがありますよ」と。
regelmäßig aber mäßig　毎日でもいいけれど、ほどほどにね。
意訳するとそんなところかと思うこの格言。うんちくが潜伏していそう。
別に根っからの酒飲み向けの格言とは限りませんよ。「過ぎたるは及ばざるが
ごとし」との日本の格言に似て、お酒などの道楽だけでなく勉強にも言える
のではないか。regelmäßig 規則正しく毎日聴く、話す練習をいたしましょう。
週に一度はレッスンに通いましょう。そして年に一度はドイツに行きましょ
う。そのためにはドイツ語を楽しみましょう。近頃「ビールを楽しむドイツ
語（三修社）」という参考書も出たそうで。おっと、でも mäßig を忘れずに。
仕事や家庭に響いては長続きしませんからね。
ところで、不肖わたくしは、ドイツの自家醸造ビールの指導書を読破した「ビ
ール・命」。動機は不純でも続けることに意義がある！小難しいことは抜きに
会話を楽しみましょう。それがドイツ語会話上達の唯一の極意。

45 ziehen

引く　引っ張る　引き出す　育てる　栽培する

進む　移っていく

① anziehen　　　引き寄せる　着る

② ausziehen　　　引き出す　脱ぐ　転居する

③ einziehen　　　引き入れる　徴収する　集める

④ umziehen　　　着替えさす　引っ越す

sich⁴/　着替える

最後は ziehen で一本締めに。基礎動詞から飛躍的に転意することが比較的少ないのに、こんなにたくさんの分離動詞が出来上がっている訳でして、それだけに普段欠かせない単語が多い。①anziehen 然り。好きな人や何かしらに密着 an したいとグッと**「引き寄せる」**。「ziehen するモノが何か？　着地ポイント an がどこか？」が大事な人生。日頃はタンスから引き出して服を身に着け**「着る」**

　②ausziehen「出す aus＋ziehen 引く」は文字通り**「引き出す」**。aus なしと比べ、出すんだとはっきりさせる効果を発揮。その都度の情景が目に浮かぶ。衣服ならば腕を袖から引き出すことから**「脱ぐ」**（引き出し方は男性と女性で違うらしい）。住居から引き出すならば（「引き出される」と、受身に取った方が現実的で肌身に感じるのが辛い世の中なれど）**「転居する」**

　前綴りが aus とは逆に ein ならば③einziehen「入れる ein＋ziehen 引き」**「引き入れる」**。いくつもたくさん引き入れれば**「集める」**。貸したお金や税金ならば**「徴収する」**。税金の場合は決して自分の懐には入らないのですが。

　脱いだら裸のまま、という訳にもいかず、「回って」の um が付いて④umziehen **「着替えさす」**。ドイツでは、地方によっては回りながら袖を引いて着替えるらしい？？　というのは全くの冗談(Scherz)ですが。それにまた再帰動詞で使われると、自分(sich)が um 回り**「着替える」**。なんで自分が回らにゃいかんの？わたしめの場合、春夏秋冬各一着の服が回るのですわ。回り、あるいは換わるべき um 効果を得るには自分で動かなくっちゃ、誰も来ては、着せてはくれないからね。住居を着替える大胆な行動を**「引っ越す」**と。ここまで全て言語明瞭意味明快。

125

⑤ vorziehen　　前に引く　選ぶ　好む

⑥ vorbeiziehen　傍らを通り過ぎる　通過する

⑦ zuziehen　　引いて閉める　招く　引き寄せる

移住する

⑧ zurückziehen　引っ込める　撤回する　引き返す

返る　　　sich⁴/ 引退する

うんちく・がんちく　その３１

Ich habe eine Frage！！
咲くか、散るか。。。その分岐点、決定的な命運は、この一言にあり。教室で
この４語をドイツ語で大きな声で発せられるか、はたまた、分かっている振
りをして、質問せずカッコ付けているかで、話せるようになる、ならない、
が決まるんですよ。それに質問本体は日本語混じり、あるいは日本語で一向
に構わないのです。気にせず臆せず。日頃の発声練習はここから始め。
Ich habe eine Frage！　話す習慣がこの時から始まる。【ドンと来い分離動
詞・会話術うんちくがんちく５３】ファンの皆様は、会話が上達すること
間違いなし！それに、先生は首を長くしてこの一言を待っていますよ。

さて、⑤vorziehen は「前に vor＋ziehen 引く」即物的に「**前に引く**」。少し観念的に瞑想に耽ると、いくつもの中から一つを自分の前に引っ張ってくる、即ち**「選ぶ」**ことと合点できる。でもみなさん。苦手なモノや嫌いな人を選びわざわざ自分の前に引っ張ってくることはないでしょう？！「**好む**」からこそ。

　前綴りの vorbei はそもそも「前＋脇」で、目の前を通り過ぎる気配が強く、ziehen（進む）に付いても同じで⑥vorbeiziehen「**通過する**」「**傍らを通り過ぎる**」

　わたし的には zu は今自分がいる所から離れて行く印象が強いのだけれど、さすがに ziehen「引く」とご一緒ではそうばかりも言っておられず、zumachen の時のように「閉める」の意が加わって⑦zuziehen「**引いて閉める**」。続いて、誰かを招き、引き入れてドアをピタッと閉めるから「**招く**」。zu とは言え「閉める」とまでは断言せず、単に方向性を与えてくれる zu なら「**引き寄せる**」であったり、またある時は自分を引っ張って？引っ張られて？ zu 方面に「**移住する**」

　最後に⑧zurückziehen は「後ろに zurück＋ziehen 引く」ので、「**引っ込める**」「**撤回する**」「**引き返す**」「**返る**」と素直。さて、自分（sich）が「返る、帰る zurück＋ziehen（進む）」とどうなるのだろうか。長年馴染んだ職場（Stelle）から家庭に引き返し「**引退する**」

　そして、第1章**「ドンと来い分離動詞」**から、私も引退ということで。

Auf　Wiedersehen　!!!!!!!

ビール好きのみなさん！！

酒類は全て男性のドイツ語。das Bier と中性なのはアルコール飲料として失格と言うことか。むしろトクホ飲料の位置付けと思われる。わたしの場合飲み物と言えばビールのこと。流石、健康なはずだ。でドイツだけでなく国内でも、あちこち出掛ける度に名立たるビアホール、居酒屋を渡り歩き、自前の計算によれば優に２万リットルは飲み干したのが自慢。

Bayern に生まれ 500 年の歴史を誇る Bierreinheitsgebot に守られ、Bier の原料は Malz,Hefe,Hopfen,Wasser だけだ。Weißbier とも呼ばれる Weizen（小麦）は、Gerste（大麦）と Malz 兄弟ゆえ、かねてから贔屓のわたしも安堵するのだけれど、製法の違いであれだけ多種多様な味わいのビールが醸造されるのは魔法の様でもある。Bayern では、白い Weißbier の甘酸っぱさから Bamberg の Rauchbier の漆黒の苦みまで。同じ原料とはとても思えない。ランクも豊富で、Hofbräuhaus でリットルジョッキを盛大に飲み干し歌う時の Helles に始まり、瀟洒なレストランの脚付きグラスで味わう Pils に至る。Schwarzwald の夏、Titisee の湖畔で喉を潤した Pils の Blume は白薔薇のよう。ドイツ語で泡は Schaum と言うのに、ビールでは Blume という特別の呼び名を頂くがその名に恥じない。単に盛り上がってきめ細かいだけでなく密度が高く滑らかで、泡自体を Sahne（生クリーム）に仕立てる。

時代は移り、近頃は地ビールを始め瓶内二次発酵中のドイツ、ベルギービールまでもご近所で飲める。しかも今や Bayern のリアルタイム交通渋滞や自然復元リポートまでも、パソコンなどのおかげで自宅に居ながらにして入手できるようになり、ドイツ行きの口実がなくなってしまう。

でも、やはりいつか、お世話になった方々を再び訪ね、Bremen の醸造居酒屋 Schüttinger の Helles で、Bayern では栗の木陰で輪になり Weißbier で乾杯したい想いは、いつも心の片隅に。

非分離動詞のみなさん！！

　さて、分離動詞についてざっくり一通り見渡してみると、これらは前綴りと基礎動詞との結びつきが非分離動詞と比べて弱く、分かれてしまうのだけれども、さすがに一度は一緒になるだけあって夫婦のようにカバーし合い、いい味出しているじゃないかと再発見する。やはり分離と言うよりも合体だ！と叫びたくなる。

　ところで、非分離動詞だって分離動詞と同じように基礎動詞に戻り整理し直すこともできるに違いないけれど、前綴りが追加する意味にインパクトが薄いようだし、しかも同じ基礎動詞からの派生数が少なそう。とすると、本編で実験してみた分離動詞の因数分解と並べ替えには、さして妙味がないのでは？

　という訳で、ここでは８個（miss については異論もあり、その説では７個）に限定されている非分離動詞の前綴りを持つ主だった皆さんに集まっていただいた。整列するとそれぞれの前綴りがおよそこんな意味合いを与えていると、一応の仕分けが出来ない訳ではないが、前綴りによってはその内のどれに当たるの？と訝しく感じる向きもあり、わたしもその一人。前綴りの意味が消えてしまったシャボン玉のようなケースまである。いずれもドイツ語の勉強を始めた頃から馴染みの単語が非常に多く、アクセントの位置を後ろの基礎動詞にシフトすることに留意する以外には、暗記するだけで非分離動詞であろうがなかろうがいちいち気にもしなかったという Fortgeschrittene が多いでしょう。では紹介に移りましょう。

be　emp　ent　er　ge　ver　zer　miss

　　注：　再帰動詞は（再）とする。　＜例＞　begeben　（再）おもむく　起こる
　　　　　自動詞は（自）とする。

be [be のはたらき各種]

- ・自動詞から他動詞を作る道具として　　　　beherrschen 支配する
- ・元の名詞を生かしたまま何かを付加、添加　besohlen 靴に底を付ける
- ・他動詞と結びついて

　　1 元の他動詞の意味と用法はそのままに　bedecken 覆う
　　2　　　〃　　　　　とは意味が違う　besuchen 訪問する
　　3　　　〃　　　　　とは用法が違う　bekleben 貼る
　　　3 の一例を挙げておけば　Die Wand mit Bildern bekleben
　　　　　　　　　　　　　　Bilder an die Wand kleben
　　　二つの文は意味が同じ。だとしたら、今日のわたしたち日本人感覚からは
　　　「絵　を　壁　に　貼る」なのだから、後者の「Bilder を Wand に」を
　　　使うのでしょう。ともかく be が付くことで用法が変わることは納得。

- ・継続を意味する（自動詞では）　　　bestehen 存続する、固執する
- ・元の動詞は消滅したので独立独歩　　beginnen 始める

beantworten 答える
bearbeiten 手を加える　加工する　仕上げる
bedauern 同情する
bedecken おおう　かぶせる
bedeuten 意味する　重要である
bedürfen (自)(他) 必要とする
beeinflussen 影響を及ぼす
befehlen 命令する
befürchten 恐れる
begeben (再)おもむく；起こる
begegnen (自)出会う；起こる
begehen 行う　犯す；挙行する
beginnen(自)　始まる　(他)始ま(め)る　企てる
begleiten 同伴する

130

begreifen 握る；理解する

begrüßen 挨拶する；歓迎する

behalten 保持する

behandeln 取り扱う；治療する

behaupten 主張する；保持する

bekommen 得る　もらう

bemerken 認める；述べる

bemühen 労する　煩わす

benutzen 利用する　使用する

beobachten 観察する；義務などを守る

beschäftigen 働かせる　（再）従事(没頭)する

besetzen 占める　置く　ふさぐ；占領する

besitzen 所有する

bestehen (自) 存続する　成り立つ　固執する　（他）及第（合格）する

besteigen 登る　乗る

bestellen 注文する　伝達する；依頼などを果たす

bestimmen 決める　定める；規定する

besuchen 訪問する　通う

beteiligen 参加させる　あずからせる

betrachten 眺める　観察する　みなす

betreten 踏む　立ち入る

betrügen だます　欺く

bewahren 保存する；持ち続ける；守る

bewegen 動かす　心を動かす　（再）動く　運動する

beweisen 証明する；表す

bewohnen 住む

bewundern 感嘆する

bezahlen 代金を支払う

emp,ent [emp, ent のはたらき各種]

f の前では emp になることがあるが、
emp と ent は同じはたらきをする。

- 対向　　empfehlen 推薦する
- 離脱　　entfallen 滑り落ちる
- 起源　　entspringen 由来する
- 開始　　entschlafen 次第に眠り込む
- 復元　　entdecken 発見する
- 除去　　entkleiden 衣装を脱がせる
- 離脱除去　entgleisen 脱線する

　大辞典的には上記のように仕分け・解釈される emp,ent だけれども、「この
セットで一体どうしてそういう意味になるの？」と、悩む羽目にもなりかねない
ものも散見。結局、それぞれ覚えるが肝心という結論か。しかしよく見ると、離
脱・除去・離脱除去と、除く系が多いようで、復元にジャンル分けされている
entdecken にしても考えてみれば覆いを除去するから発見できるのでして。

empfangen 受け取る；迎える
empfehlen 推薦する、勧める；紹介する
empfinden 感じる、知覚する；経験する
entdecken 発見する；秘密などを暴く
entfernen 遠ざける；除く　（再）遠ざかる、去る
enthalten 含む　包含する
entscheiden 決定する　（再）決める　決心する
entschließen （再）決心(意)する　決める
entschuldigen 許す　弁明する（再）詫びる
entstehen （自）物から生じる　起こる
entwickeln ほどく；展開（発展）する

er [er のはたらき各種]

- ・中から外への運動の方向　erlesen 選び出す　読み知る
- ・ある状態の開始　　　　　erglänzen 輝きだす
- ・結果、完了　　　　　　　 erwachsen 成人する　育って...になった
- ・破滅・破壊　　　　　　　ertränken 溺死させる
- ・到達・獲得・創造　　　　erreichen　到達する
- 　　　　　　　　　　　　　erfinden 発明する
- ・自動詞から他動詞を作る　erwarten 期待・予測する

　この仕分けから推測するところ、er の多くは、中から外へ、今から未来へという方向性を示しているし、そのポジティブな人生から何かが生まれ、目標に到達するのだろうとうれしく解釈しているのですが。どういう訳か「破滅・破壊」に導く er もあり。 ertränken「溺死させる」これは苦しい。事故対策は万全に。気が楽なのは、er で始まる非分離動詞は大半が４格支配、すなわち他動詞。erbeben（震える）や erblühen（開花する）などの自動詞もあるが極少数派。

erblicken 見る　認める

ereignen (再) 起こる　生じる

erfahren 経験する　見聞きする

erfinden 発明する

erfolgen (自) 結果として起こる　生じる

erfordern 必要とする　要求する

erfreuen 喜ばせる　楽しませる　(再) 楽しむ

erfüllen 満たす；成就 (実現) する

ergeben 結果として生じる　明らかにする；(再) 身をささげる　没頭する

ergreifen つかむ　取る　用いる

erhalten 保つ　養う；受ける　得る

erholen (再) 回復する　休養する

erinnern 思い出させる　想起させる；(再) an etw./ 思い出す

erkennen 知る　認める　識別する　認識する

133

erklären 説明する；言明する

erlauben 許す

erleben 体験する

erledigen 片づける　処理する；解決する

erleiden 害悪や変更などを受ける　蒙る

erlernen 学習する　覚えこむ

ermöglichen 可能にする

erneuern 新しくする　改革する

eröffnen 開く　打ち解ける

erraten 推測する　言い当てる

erreichen 届く；追いつく；到着する

errichten 建てる　創設する

erscheinen（自）現れる；思われる；出版される

erschrecken 驚かす　（自）驚く

ersparen 貯蓄する　節約する；免除する

erstaunen（自）（再）驚く　（他）驚かす　怪しませる

ertrinken（自）溺れる

erwachen（自）目を覚ます

erwachsen（自）成人する　育って…になった

erwarten 待つ；期待する　予測する

erwecken 目を覚まさせる；同情や希望を呼び起こす

erweisen 証明する；表する

erwidern 答える；返す

erzählen 話す　物語る

erzeugen 子を産む；生産する

erziehen 教育する

ge [ge のはたらき各種]

・共在
・完了
・単なる強意に過ぎないことも

　それにしても過去分詞と紛らわしい「ge＋基礎動詞」という非分離動詞をよく
ぞ作ってくれ申したとお礼の一言も言いたいところなれど、gefallen, gehören な
ど日常生活で頻繁に使うし、重要単語が多いのは確か。でもあまり耳にしないの
が gebären でして、誰もが昔 geboren したのですが。

gebären 生む
gebrauchen 使用する　利用する
gedeihen（自）栄える　繁る；はかどる
gedenken（自）覚えている　思い出す　考える
gefallen（自）人に気に入る　喜ばれる
gehorchen（自）人の言う事を聞く　従う
gehören（自）人の所有物である　属する
gelingen（自）うまくいく　成功する
genesen（自）治る　回復する
genießen 楽しむ；食べる　飲む；受ける
geraten（自）の状態に陥る　…の結果になる
geschehen（自）起こる　生じる
gestalten 形づくる　形成する
gewähren 許す　承諾する；与える
gewinnen 得る　儲ける；勝つ
gewöhnen 慣らす　親しませる

135

ver [ver のはたらき各種]

・代理	vertreten 代行する
・時間的限度の超過	verpassen 逸する
・場所の変更	versetzen 移す
・閉鎖・阻止	verstecken 隠す
・消滅	verfließen 流れ去る
・除去・破壊・消費・浪費	verbrennen 焼失する
	verbrauchen 消費する
・歪曲・失策	verlesen （再）読み違える
・強意	versinken 沈没する　没入する
・結果（形容詞から派生）	verarmen 貧乏になる
・結果（名詞から派生）	verfilmen 映画化する
・付与・添加	vergolden 金メッキする

　わたしだけの思い込みではないでしょうが、どうもこの ver は悪いこと、望ましくないことが起きる前兆であることが多い。最終電車に verpassen して途方に暮れたり、携帯電話（Handy とは米語のようで米語でないおかしな単語だけど重宝してまっせ！）を verlieren したり。そんなケースで使うことが専らで、いじけてそんな風に感じるのかもしれない粗忽なわたし。そうばかりではないことを学び直すには、まず自分自身の生活態度、日常生活を改善しなくては。

verabreden 申し合わせる　協定する
verabschieden 免職する　法案を議決する　（再）別れを告げる
verändern 変える　変化させる
veranstalten 催す　実行する　企てる
verarbeiten 加工する　細工する　消化する
verbergen 隠す
verbessern 改良(正、訂)する　修(訂)正する
verbeugen （再）腰をかがめて会釈する　お辞儀をする

verbieten 禁止する

verbinden 結び合わせる　結合する；連絡する

verbrauchen 消費する　使用する

verbreiten 拡げる　伝播させる　流布する

verbringen 時を過ごす　金銭を浪費する

verdanken 負っている　おかげである

verdienen 得る　儲ける；値する

verfahren（自）処置する　ふるまう　（他）車で道に迷う　運搬に費やす

verfolgen 追う　追跡する

vergehen（自）過ぎ去る　経過する　消え失せる

vergessen 忘れる

vergleichen 比較する　比べる

vergnügen 楽しませる　喜ばせる

verhaften 逮捕する

verhalten こらえる　押さえる　（再）の態度を取る　…の状態にある

verheiraten 結婚させる

verhindern 妨げる　阻止する

verkaufen 売る

verlangen 要求する　必要とする

verlassen 去る　見捨てる

verlieren 失う；負ける

vermögen 出来る　力がある

vermuten 推定（察）する　予想する

vernichten 滅ぼす　全滅させる

versammeln 集める　召集する

verschaffen 得させる　供給する；世話する

verschieben 押しやる　ずらす；延期する

verschließen 閉じる　閉める；閉じ込める

verschwinden（自）消え（失せ）る　消滅する

versetzen 置きかえる　移す；転任させる

versichern 保証する　保険にかける

versorgen 供給する　与える；世話をする

verspäten（再）遅れる　遅刻する

versprechen 約束する；期待させる　見込みがある

verstehen 理解する；精通している

versuchen 試みる；実験する

vertrauen（自）人（物）を信頼する　あてにする

vertreten 代表（理）する；弁護する　支持する

verursachen 引き起こす；原因となる

verwalten 管理する　支配する　司る　経営する

verwenden 使う；転じる　向ける

verzeihen 許す；大目に見る

verzichten（自）放棄する　断念する

verzweifeln（自）絶望する　自暴自棄になる

うんちく・がんちく　その３２

不規則変化動詞の過去分詞から特徴発見！

・不規則変化動詞は 200 ほどあるが、その中で過去分詞の語尾が t で終わる
　動詞は 10 個だけ。他の全ては gelesen　の様に en か n で終わる。
　では、非主流派の 10 人衆にご登場願おう。

　brennen, bringen, denken, haben, kennen, nennen, rennen,
　senden, wenden, wissen（gewusst この他の９つは全て母音 a に）

・母音 a の動詞は全て、過去分詞も母音は a のまま無変化（verschallen が
　verschollen になるという例外があるが、滅多に登場せず。無視していい。）

・話法の助動詞の母音変化では、ö,ü はウムラウトが外れ o,u になる。
　例えば mögen が gemocht に、dürfen が gedurft に。語尾は全て t 。
　尤も、これら話法の助動詞過去分詞、会話中では絶滅危惧種なり。

zer [zer のはたらき各種]

・散乱
・分裂
・破壊

　せめて生活態度を改めて部屋を散らかしたくはないものの、この小福読本をまとめるだけでも資料が散乱し、それでもありがたいことに近頃はパソコンという文明の利器に整理出来るおかげでなんとか読者の皆さんにたどり着けたわたし。

　それにしても、この zer ほど忌み嫌うべき存在の前綴りも他になく、第二次世界大戦でアメリカ軍の原爆・焼夷弾で広島・長崎を始め、東京が、わが故郷静岡が火の海、total zerstört　に。ベルリンやドレスデンでも瓦礫の下敷き。市民の惨状を戦後生まれもしっかりと脳裏に焼き付けておかなくては。

　それほどまでに暗いイメージの付き纏う zer に日本語を当てるとしたら、はてさて？かつての我が書道の恩師は若き日「烈」を好んで書かれていたが。熱塊が押し寄せて来る恐怖。先生もお年を召されて近頃は穏やかな字を選ばれている由。

zerreißen　　引き裂く　寸断する　　（再）粉骨砕身する
zerschlagen 粉砕する　　（再）希望や計画がだめになる
zerstören 破壊する
zerstreuen 撒き散らす　憂さ晴らしをさせる

うんちく・がんちく　その33

ブーメラン炸裂せず
大半の不規則動詞は過去形で一旦母音が替わり、過去分詞で不定形の母音に帰省する習慣。が、そこは言語でして、数少ないものの例外あり。例えばsaugen. 過去形で sog に一時だけ変身の積もりが、過去分詞で故郷不定形の母音に戻れず即ち gesogen と悲しい。ここでは不定形と過去分詞の間にブーメラン炸裂せず。途中失速し投げ手に帰らず。

139

miss [miss のはたらき各種]

・失敗
・逆
・誤謬など

　この miss については、非分離動詞の専属前綴りとして取り上げることに諸説があるようだ。敬愛する関口先生は非分離動詞に掲げられているし、またオックスフォードも同様。しかし非分離動詞ではないとする見解もあるそうでして。でも、とにかく「この miss 4 語は非分離動詞なのである」と割り切り、いずれ良からぬ語彙を「お主も悪よのぅ」と、そのまま覚えてしまうことにしよう。

missbrauchen 権利を乱用する　悪用する
misshandeln 虐待する
misstrauen （自)不信を抱く　（再）　自信がない
missverstehen 誤解する

うんちく・がんちく　その34

分離・非分離、どちらかに決めてよ！とお願いしたい動詞もありまして。
G.I. Göttingen の Dr. D 先生は度々 umfahren を例に出しその差を説明された。「引き倒す」時は分離。「ぐるりと回る」と非分離。でも明確な定めはないから、一つ一つ覚えるしかなく、意識しないでも仕分けされて、すらっと出て来るようになるのが C2 レベル(nativ)です。確かに。
G.I. Dresden の Dr. T 先生も、悩ましい表情でかく語られた。相対的に
　　　　分離は、　　wörtlich,realistisch,wirklich,konkret
　　　　非分離は、bildhaft,metaphorisch,abstrakt
繰り返し聞き使っている内に Muttersprachler と同じように悩まなくなるものだと。統計的にどうかと数を当たってみた結果は6ページに。自信が持てないときは話法の助動詞に出演願おっと、わたし。

合成の妙…einander あれこれ

さて皆様。ここまで読み進めて下さり大変嬉しく思います。

そこで、お礼の印として、響きの良さに日頃感服している非分離動詞もどき（出来方が似てましょ？）の「einander～お互いに、相互に」に勢ぞろいをお願いしてみました。どれも自然な成り行きを感じさせる見事な結晶で一気に覚えられそう。がんがん使いましょう。話し手聞き手、双方が気持ちのいいこと請け合いですから。

aneinander 接し合って、相手の傍らを、相手に向かって
aufeinander　重なり合って、互いに向かって、接続して
auseinander　相互に分かれて、互いに離れて、分離・分解して
beieinander　一緒に、集まって、並んで
durcheinander　相互に入り乱れて、ごちゃごちゃに、頭が混乱して
füreinander　お互いのために
gegeneinander　対立しあって、相互に向かい合って、相互に
hintereinander　相前後して、次々に、続けて、相次いで
ineinander　互いの中へ、互いに入り混じって
miteinander　共に、協力して、一緒に
nacheinander　相次いで、次々に、順々に、お互いに
nebeneinander　並んで、並行して
übereinander　重なり合って、お互いに（関して）
umeinander　互いに相手をめぐって
untereinander　相互間で、互いに、入り交じって、重なりあって
voneinander　相互から、互いに関して
voreinander　互いの前に、互いに対して
zueinander　互いに、向き合って、相対して

141

微妙な気持ちをはんなりと

会話していると、ボディーランゲッジとのコンビで気持ちや情景を実に繊細に表現できる方に出会う。皆が笑顔でうなずき、人柄に吸い寄せられ納得させられてしまう話し手。その極意がどこにあるのだろうと。近頃やっと気が付いた。ドイツ語文法的に呼べば副詞など不変化詞 Partikel の一団に多いのだけれど、事物・行動を表現するのではなく、状況やビビッドな気持ち、動機などをリズミカルに響かせる。波長が合い説得力が増すのは、頻度とタイミングにコツがあるからだろう。ドイツ語会話も同様に、出汁を利かせ味わい深くするために、こうした軽く趣のある語を使えるようになりたい。中には、元の意味を失いながらも話し言葉にリズムを与えニュアンス（驚き、強調、助言など）を授けてくれる aber, doch, halt, ja などまでもあり、少しでもいいから使って幸せになろう。
meiner Meinung nach （自分勝手に？）拾い出してみたので是非お試しあれ。

相変わらず　nach wie vor

あいにく　leider

あえて…する　wagen

あくまで　unbedingt

あたかも　als ob，gleichsam

あちこち　hier und dort，hin und her，überall

あのころ　damals

あまり　nicht so

あやうく　beinahe

ありありと　klar

ある意味で　in gewissem Sinne

ある程度の…　ein gewisses Maß an etw.（3格）

ある程度まで　bis zu einem gewissen Grad

あわやの　beinahe

あわよくば　mit ein bisschen Glück

案外　unerwartet

あんな　solcher,　solch ein

いずれにせよ　jedenfalls

…以外　außer etw. 3 格（2, 4 格支配の場合もある）

いかにも（どう見ても）　wirklich,　tatsächlich

いきなり　plötzlich

いずれ　irgendwann

一応　vorläufig

いつか（過去も未来も）　einmal,　irgendwann

一体全体　eigentlich,　bloß,　denn

いつの間にか　unmerklich

一般的に　normalerweise

…以内に　innerhalb von

いわんや　geschweige denn

うっかりしていた　zerstreut sein

おかげさまで　Gott sei Dank.

おそらく　wahrscheinlich

お疲れ様です（でした）日本では、部下が目上の方に対して掛ける一言
　　　　　　Vielen Dank für Ihre Bemühungen.

（の）限り　soweit,　solange

勝手に　eigensüchtig,　egoistisch

必ず　bestimmt, auf jeden Fall, sicher, unbedingt

必ずしも…でない　nicht immer,　nicht unbedingt

…かのような　als ob,　als wenn

辛うじて　knapp,　gerade noch,　eben noch

きっと　sicher

ぎりぎり　knapp,　mit Müh und Not

けれども　aber,　jedoch,　trotzdem

ご苦労様(同僚同士や部下に対して)　Vielen Dank für Ihre Mühe!
　　　Das ist alles.　Danke sehr.　Danke für deine Hilfe!　Danke!

…こそ　eben,　richtig,　gerade,　genau

こちらこそ　ganz meinerseits

この間　vor kurzem

このごろ　jetzt, zur Zeit

この前　letztens, letztes Mal

最高　höchst

最後に　zuletzt, zum Schluss, am Ende（am Ende sein 疲労困憊）

最低でも　wenigstens, mindestens, zumindest

幸いにも　zum Glück

…さえ（も）、…でさえ　sogar, selbst

先ほど（さっき）　vorhin, vor kurzem, eben

さて　nun

残念ながら　leider

仕方なく　gegen meinen Willen, wider Willen

しかも　noch dazu, außerdem

将来　in Zukunft　（近い将来）in naher (nächster) Zukunft, demnächst

すぐに　gleich, sofort

少なくても　wenigstens, mindestens

即ち　nämlich, das heißt : …

せっかく　extra, gerade, obwohl

絶対に　absolut, unbedingt

せめて　wenigstens, mindestens

そうこうするうちに　inzwischen, dabei

そこそこ　einigermaßen

そもそも　eigentlich, überhaupt

大体　wohl, ungefähr

大抵は　meistens, gewöhnlich, normalerweise

高々　höchstens

…だから　daher, da

たった今　soeben, eben erst

たとえ…でも　auch wenn

多分(高めの確率) wahrscheinlich, wohl　（低めの確率）vielleicht

144

ために（目的）zu etw.　um etw.　für etw.

ために（原因）wegen etw./jms. 2 格,　vor etw.

ちょうど、どうにか　eben

ついに　endlich,　schließlich

出来れば　wenn möglich

…でも(さえ、すら)　auch,　selbst

どうせ　nun eben mal,　sowieso,　am Ende

時々、時には　ab und zu,　manchmal

どこでも　überall

…どころか…だ　…, sondern …

ところで　übrigens

どちらでも（よい）egal

とても…でない　überhaupt nicht

どっちみち　auf alle Fälle

とりあえず　vorläufig,　zunächst

とりわけ　nicht zuletzt

…ならば　wenn,　falls

なんとか　doch,　irgend etwas,　mal

なんとかして　irgendwie

なんとなく　irgendwie

後に　später,　nachher,　nach

(…の)場合　falls,　wenn

初めて　zum ersten Mal,　das erste Mal

反対に（〜と異なって）　im Gegensatz dazu

久しぶりに　nach langer Zeit,　lange

ひょっとして　vielleicht,　eventuell

ほとんど　fast,　beinahe

ぼんやり

　漫然と　in Gedanken versunken,　verträumt

　不明瞭な　unklar

　放心した　zerstreut,　geistesabwesend

145

不注意で　unvorsichtig,　unaufmerksam
まあ、　ach,　na,　（まあちょっと）　mal,　tja
正に、正しく　eben
まず　zuerst,　an erster Stelle
…まで　sogar（「何時まで」じゃなく）「○○ばかりでなく…までしちゃってねえ」
間もなく　bald
昔　früher,　in alten Zeiten　（昔々　Es war einmal,　）
むしろ　eher,　lieber　（というよりはむしろ）vielmehr
滅多に…ない　selten
もともと　sowieso,　ursprünglich
やっと　endlich,　erst dann,　schließlich
やっぱり　eben
よろしく（伝えてください）Grüßen Sie bitte (Ihre Mutter) von mir.
わざと　absichtlich,　bewusst
わざわざ　extra,　eigens
わずかに　gering,　wenig,　nur ein bisschen

Lüneburger　Rathaus

うんちく・がんちく　その３５

国(Land) が違えば習慣も違う。言葉さえも。
国が集まって連邦共和国になる。Hannover Dresden Hamburg...。勿論われ
らが Bier 王国の街 München も、揃って首都 Landeshauptstadt。
歴史、文化に誇りあり。だから言葉自体に、また同じ言葉の使い方や言い回
しに差があって当たり前。そして習慣も。
その１　Bier の時間　（G.I.=Goethe-Institut の先生の見解によれば）
　München はお昼から、Göttingen は４時から。Dresden は、明確な答え
　が返らず。夕方からが一般的のように見受けられるが Bierstube は昼前か
　らオープンしている。ドイツでは官公庁の職員食堂や大学食堂（Mensa）
　にもビールが置いてある。（わが Bremen 大学にはないが）　酔わなければ
　いいというお約束。
その２　身長の言い表し方
　身長１ｍ７２ｃｍ　（同じく G.I.の先生の見解によれば）
　　München では　　einen　Meter zweiundsiebzig
　　Göttingen では　　　ein　Meter zweiundsiebzig
　　Dresden では　einen　と４格で言うのが普通だけれど、厳密に考える
　　　とどうだろう？　ein も einen も間違いではない。
　わたし（近頃少し縮んでは来ましたが）個人的には「４格の副詞的用法の
　ファンだけに、Ich bin einen Meter zweiundsiebzig groß.
　と自己紹介を。
その３　小丸白パンの呼び名
　ドイツのパン屋さんは開店が早い。６時には地元の方々が馴染みのお店で
　焼きたてを求める訳ですが、日本でイギリス食パンと呼ばれる白く柔らか
　いパンはどこにも陳列されておらず。「パンが黒くなるほど健康になる」の
　だそうです。ところで、あの可愛い白丸パンの愛称は？南北で違うんです
　ね。日本人には、味も姿も同じに思えるのですが。美味しくて、腹持ちが
　良く、それに preiswert で財布に優しい。Guten Appetit !!
　呼び名の違いは是非、ドイツでチェックして下さい！　味わいながら。

147

第3章

Niedersachsen
北海間近　小故郷を探す旅

　地ビールを一年間、毎晩飲んでいれたらさぞかし幸せだろうとの長年の夢。その道をまっしぐらに！　が、夢は儚く消え。Bier はビザを頂く理由にならない。資格なし。正社員でこの度ドイツに派遣されるとか、ドイツの大学・研究機関に雇われるとか、正規学生（あるいは交換留学など）にならなきゃダメ、認められないとの仰せ。選択肢はこれっきり。あたしゃ天下の自由業。誰にも雇われずの売れない物書き。こりゃ大学生になるしかないわなあ。全ドイツを管轄している「入学資格及び高校（大学）卒業成績認定センター」に、大学卒業・成績証明書とドイツ語能力証明書を送ったところ「資格は満たしていますから、本センターで換算、認定された成績が志望大学、学科の水準に達していれば入学できます」との色よい返事。

　いつか携わってみたい故郷づくりの基礎学問は地理学でしょ、と。観光やグローバリズムに毒されず清楚で落ち着いた村や町が広大な牧草地に点在し、これぞ故郷と思わせる雰囲気に満ちた北ドイツで学んでみようと。そんな訳で Universität Bremen に志願したところ合格通知が！８０人程の新入生の平均年齢２１歳、女学生 60 ％という活気あふれる教室でゼミの先生方や学生、友人たちに叱咤激励されながら、当初予定の 1 年は 2 年に大幅延長。地質、気象、都市計画、メディア・コミュニケーション地理学などを広く（浅く）学んでまいりました。念願だった村町探訪、特に Niedersachsen 州の小さな村町の街角やお店で村人・町の人と話すばかりでなく、B 大生だった特典で（？）自治体の首長さんとのインタビューも叶いました。各村町の共通性・特徴・印象を整理する作業に地理学的な見方と好奇心が大きな助けになったことは言うまでもありません。

　今回ご紹介できなかったのが残念ですが、塩が金と同価値と尊ばれた時代に財を成した古都 Lüneburg や、木組みの旧家が軒を連ねる大学町の Göttingen、隣州では森と湖の村 Möllen など北ドイツには素敵な村や町が星の数ほどあります。先ずは試しに、この章で散策してください。そして読むほどに、Je kleiner, desto glücklicher.（自治体が小さければ小さいほど、住民は幸せになれる）と夢の様な、時代掛かったわたしの想い、仮説に頷いていただける方がおありになれば、あるいは、ご自分も留学し現地で色々実地体験してみたいと思えていただければ本望です。

148

小さいからこそ個性を誇れる村々、町、そして人々

1 　彫刻庭園が迎えてくれる芸術家村　Worpswede
2 　考古学的価値が大看板。古代史博物館の村　Bad Bederkesa
3 　泥炭と酪農。田舎の風情が匂う村　Gnarrenburg
4 　木組みの家並みで観光地と思いきや、ここに住む人たちの町　Celle
5 　ヒラメ絶品の漁師町は郡都。干潟観光でも賑わう　Cuxhaven
6 　路線バスが至極便利。住宅地内を巡回し　Steinhude
7 　中東色濃い移民の町は国際都市を目指す　Wilhelmshaven
8 　隣州では連携自治体を Amt と称し　Amt Krempermarsch
9 　格式のある市役所と３００年の森　Syke
10 　Marktplatz は　どこだって教会前のはず　Nordenham
11 　国境の町。保存と刷新と　Leer
12 　『未来に一層輝く村』全国コンクール優勝　Brokeloh
13 　宮殿の多彩な利用と、世界に誇る神学系図書館　Wolfenbüttel
14 　紡績工場が産業遺産博物館に変身　Delmenhorst
15 　「ここは Dorf！」と胸を張る。古城の村　Sögel
16 　「ハム博物館」と自ら銘打つ伝統的燻製製造所　Apen
17 　自治体マーケティング、女性に任しょー！　Wildeshausen
18 　ハンザ都市、商都は今や学術研究拠点に　Bremen
19 　Samtgemeinde（SG. と略す）という選択　SG. Geestequelle（Oerel 他）
20 　ざっとおさらい。　ドイツの自然と昨今の世相

Göttingen 市役所前 Monument „Ganselinse"
Göttingen 大学法学部卒業伝統行事〜泉に花を

Bremen の冬。即製組み立て式観覧車
目が回るスピードで　何周も回るのが人気

1, 彫刻庭園が迎えてくれる芸術家村　Worpswede

　Osterholz 郡 Worpswede 村では 1889 年に芸術家の生活・職業共同体（Künstler Kolonie）が産声を上げ、その時から大勢の芸術家たちが移り住み今日に至る。

　現在、公式には９千人余の人口だが、【Ⅰ】（案内所）では「５千人の人口中、芸術家が約百人」と紹介された。両者に大きな差がある点に、話者の拘りや誇り、自慢（つまり、どこまでを「この町、この村」と呼びたいか）が感じられ微笑ましい。

　在住の芸術家たちの作品は、絵画、オブジェ、陶芸、写真、寄木細工、機織物、ガラスや装飾品のデザイン等まで幅広く、目抜き通りに構えた店で直売もしている。中でも陶芸、オブジェ、細工物の工房兼店舗が比較的多い。東洋が匂うんだけれどどの国と特定できない作品で、私たち日中台独四人組には奇妙に感じるが、これもまた芸術。周辺に点在する美術館などを巡るのも良し。Künstlerdorf と自称しているが農村（Dorf）とは全く違い、街は芸術が売りの観光地と呼べる賑わい。それに、日本同様にこの国でも「村」はシニア比率が高くなるのが一般的なのに、芸術家ばかりではなく、芸術を愛する（に違いない）ヤングファミリーの新築一戸建てを多く見かける。大企業、工場が立地していなくても直ぐお隣は Bremen で職業生活に不自由はない。その上、純農村的な非匿名性からは解放されて生活したい都会人の居住志向に程良くマッチしている。1976 年には Staatlich anerkannter Erholungsort（州認定保養地）にも指定された文化的で静謐な居住・保養地。

うんちく・がんちく　その３６

お頭（かしら）はいつも大事に　〜不規則変化しない基礎動詞の頭文字は？

不規則動詞変化表。backen を筆頭に沢山の動詞が掲載されていて、頭を抱えますが、覚えやすくしてみません？例えば、頭文字。先頭が backen だから、a で始まる不規則動詞はない。即ち全て規則動詞だ。そのノリで拾ってみると a, c, i, j, o, u, x　これら７種のアルファベットで始まる基礎動詞は全て規則動詞。「acijoux 」日本人流に語呂で「アシジョウクス」なんて覚えやすいかも？会話のスピードには追い付きそうもない術ですが、文章を書いている時には意外に役立つ早業思い出し術かと思いお薦めしたいのですが。「例外はないのか？」と至極当然の不安、疑問あり。「あると思えばある、ないと思えばない」orientieren　などラテン語産動詞 -ieren 組はお馴染 studieren を先頭に、過去分詞で ge を被らないという点では例外であっても、母音の変化がある訳でもなくワンパターン、規則的。「△en＋ t 」と 気安く馴染んでおきましょう。

仏像のようで仏像でない。芸術村の玄関口でにこやかに来客を迎えてくれる謎の東洋人。東洋への憧憬。
左の写真 Kaffee Worpswede（公園内レストラン）の門脇にも彫像が。こちらは西洋そのもの。
右上写真は、村の散歩道。メインストリートと違い未舗装のまま。足裏に心地良く、しかも自然・風景を引き立たせる。舗装率100％に拘る必要はない見本のような爽やかな佇まい。道路といえども雨対策優先を強いられる日本ではあるが、土地柄や環境に気を配り是々非々の判断をしたいものだ。

„Kaffee Worpswede"
　　Bernhard Hoetger 設計
1925年築。直角を避けたアンチ理性的様式美。Cafe Verrückt（奇妙なカフェ）と当時は呼ばれていたとか。いかにも芸術家の村らしくアートな建物だ。そのどこにもヨーロッパを主張せず、無国籍あるいはアフリカやアジアを彷彿とさせる。この村の芸術全体の風情に一脈通じていると感じた。
2002年に文化財基金で修復されて美しさが一層際立つ。芸術村の象徴。

2，考古学的価値が大看板。古代史博物館の村　Bad Bederkesa

　８村（計約 12000 人）が自治体として独立したまま Samtgemeinde（連携自治体）を作っていたが、2015 年１月に Langen 市と合併し、人口３万人の新市 Geestland になった。合併のきっかけは、負債返済に対する州の援助を得るのに合併が条件とされたためとのことだが、近頃のドイツでは数少ない。日本の市町村合併ラッシュが財政支援を飴と（裏返せば）鞭に、国県主導で進められたことは記憶に新しい。

　この地域は郡都 Cuxhaven，工業港 Bremerhaven への通勤通学圏内である一方、自然景観保護区の湖を活かした保養地でもある（11 月になるとパビリオンなどの観光施設は日本の十和田湖のように閉ってしまうけれど）。辺り一帯は、Marsch と呼ばれる北海沿岸の肥沃な湿地。土壌と水に恵まれ紀元前４千年前からヒトが定住していた。かつて氷河が溶け海水位が上昇して来た時代には村を水辺から後退させて行った。ここで発掘された１万点もの古代の土器・ミイラなどの保存状態は良好で、傷んでいた宮殿を郡が仕立て直した右頁写真の博物館に時代順に展示している。学術的な貴重資料が多く、Bremen 大学地理学科では毎年の遠足コースのひとつだ。

　「地方の村＝シニア世代」と結び付けがちなのだが、ここでは通学バスが大勢の小中高校生たちに利用され、地区内に Gymnasium もある。また、若いお母さんが明るい街中に多く、レストラン客はサラリーマンからシニアまで幅広い。淡白なヒラメのバターソース味ソテーが美味なことは言うまでもない北海沿岸の町だ。

うんちく・がんちく　その３７

犬は人になつく。方言も然り
「西・南ドイツでは Samstag と、中部から北では Sonnabend と呼ばれる」と辞書などでは紹介されている土曜日でありますが、北ドイツの Bremen に２年滞在した限りでは、皆さん普段から Samstag　を使っている。
地理学的には、昨今のドイツ国内人口動態は、東西ドイツの統一以後、仕事を求めて東から西へという流れが一つ。加えて、北から南へ比較的顕著な流れが観測されている。その訳は？　全産業が力強く、また、シニア世代が悠々自適の生活を送るのに、アルプスを臨む風光明媚な Landschaft に引き寄せられるのは自然の摂理。そんな風にして大勢の人達が移動して行けば、長年に亘って培われて来た地域特性と言いますか、際立つ個性が薄れ、また言葉も混じり、変わって行くのもまた自然の成り行き。しかし、こうした昨今の人口動態の趨勢からは説明できない方言事情もあるようで、Samstag は、南から（昭和の小林旭は悲しく歌うが）北へ流れる。

スラっとしたドイツ人は何故か丸いものがお好き、ですよね。 Porsche911, VW-Bus からドイツ鉄道の特急電車まで皆円やか。(ビア樽おじさんはバイエルンでもごく少数派になり寂しい限り。人柄の円さを体現していたのに)
この風車小屋も然りでホンワカとした愛嬌がある。そしてすぐそこは北海。風が吹き抜ける、氷河が均してくれたどこまでも平野の北ドイツ。しかも、日本とは違い西の風と(ほとんど)決まっている。風と人の営みとのベストマッチ、風車小屋での粉挽き(現在は小博物館)。風力発電が今日盛んな北ドイツでは、プロペラ団地をよく見かける。自然保護(鳥類)や低周波の健康被害への心配も寄せられるが、原子力発電を廃止するためには有用で不可欠ではあるまいか。なお、水力発電が見直される傾向にある他、南ドイツでは太陽光発電が主流だ。

フクロウ(Eure)は自然景観保護区の象徴。
辺り一帯が泥炭産地だったことを思い出さざるを得ない、この直線的な川(運河)と岸辺づくり。人の生活と自然とのギリギリの妥協点がこんな姿態に。湖の延長で殆ど流れがない川、川辺のブッシュ(やぶ)。11月も半ば、夜はきっと漆黒の闇になるだろう。ボート遊びがまだ楽しめる時期なのに撮影地裏の観光客向けレストランは既に冬季休業。

博物館正面にはローラント像が、この村の歴史を見守るかのように立つ。荒れ放題になってしまっていたというこの古城は今や、私たち見学に訪れる者たちに先人たちの海辺の生活を思い起こさせる内容豊富な博物館に生まれ変わった。 初めて一人で訪れたとき見学者はわたし一人だけ。質問に対して館員さんから快く丁寧に説明していただきながら、「流石に文化教養分野の予算比率が高いドイツならではだなあ」と感激した私であった。文化遺産を保全するのは行政の予算で、入館料収入ではないと割り切り。

Langen 市との合併後なので日本ならば〇〇市役所△△出張所と言ったところか。ならば職員数は少ないはず。でもこの新しく瀟洒な役場は比較的大柄でしょう? それもそのはずで、官公庁全般、各担当者に個室が割り当てられるのが常。信じられます?そこで、こんな会話が交わされることになり。「日本の官公庁では 10 人以上(正確にはその何倍の人数が普通ですが)が一室で事務を取っていますよ」「それじゃ建物が大きくなるでしょうねえ!」???

3，泥炭と酪農。田舎の風情が匂う村　Gnarrenburg

　Rotenburg(Wümme)郡内の泥炭産地で１２地区から成る人口９千人余りの村。人口減少気味で公共交通機関はバスだけだが、Bremen まで 45km と十分に通勤通学圏内だ。Torf（泥炭）は、北ドイツに広大に広がる平野部で殆ど地表に近いところから採掘されてきた。コスト面で有利なことから現在でも採掘されているが、ドイツではＣＯ₂の問題が声高に叫ばれる今日、先細りは避けられそうにない。

　かつては村に色取りを添えていただろう修道院（Kloster）は今やなく、道路にその名が残るだけで惜しいが、ガラス博物館を見つけた。はて、原料の硝石が採れるのか？　村との関連を村人に訊ねてみた。「なぜ当村にガラス博物館があるのか分からない」。しかし小学生が多く見学に訪れる。「ドイツには博物館多し」を実感する。

　街道沿いに小奇麗に纏まった豊かな感じの村だが Gymnasium（進学校）はなく中高生の多くがバス通学を余儀なくされる。郡全体では人口が伸びている中で減少気味なのはそのあたりがネックか。牛小屋の匂いがメインストリートにまで漂う田舎風情で、スタバ、マックは出店せず、故郷らしさを失っていない。

　一軒だけのレストラン兼居酒屋で昼食に。目玉焼きの目が三つ。目玉焼きは、私の経験上ここに限らずどの店でも焦げて縮んでいる。それにしても驚いたのは、この村では全商店（数軒）が１２－１４時の２時間、完全閉店している。でもドイツ

うんちく・がんちく　その３８

Universität Bremen 海洋環境科学センター日本人研究者Ｋさんの鋭い指摘
その分析力に驚きました。今まで沢山の参考書などに接して来ましたが、これほど感嘆した、感激した指摘は初めてでした。Bremen 大学が世界をリードしているこの分野に世界中から研究者が集まる中で、現在ただ一人の日本人として活躍中。地球の外から地球を観察分析しているかのような彼の研究スタンスそのままに、Ｂ　大研究機関という“英語圏”に置かれた日本人の眼でドイツ語を客観的に洞察する。Ｋさんは「分離動詞はドイツ語のデザインを特徴づけている」と把握し、続けて「それは漢字の偏と旁りに相当するんじゃないか」とその姿態を描写する。実に生き生きとし、しかも確かな指摘に唸れるわたし。例えば動詞の「動」は偏が「重」、旁が「力」。重いものを力で「動かす」。mm, その通り。ドイツ語の方は、それぞれ意味を持った偏（前綴り）と旁（基礎動詞）との間に、どら焼きのように次々に餡子が挟み込まれるんですね。日本の漢字は、時に、中に挟まるのではなく最左翼に「人」を導き、人が動き「働く」

が誇る？商店閉店法に「昼休みは２時間」という定めはないはずなので、偶然の一致か、それとも自主協定なのか。日本人のＷ氏なんぞは「個人営業なのにこんなに長く休憩していて経営して行けるのか？」と余計な心配をしてしまう程に店主の気持ちのゆとりを感じさせる。「お店同士はお互いそれで良ければ良し。それにお客は知り合いだし、しかも農家だもの、買い物時間はどうにでもなるしね」

　また、この村に限ったことではないが、街道沿いのガソリンスタンドでビールを販売しているのにも驚き。一種のキオスクではあるが、飲酒運転大丈夫？心配は心配として、下の写真の看板（Goden Dag）が立つガラス博物館がかつてそうであったように鉄道駅（附属キオスクも）が廃止されて行くご時世では無理もないが。

かつてこの地方の主産物だった Torf（泥炭）を、帆掛け舟で運んだ名残。水路が日本の川のように一直線。それだけで「これは運河だ」と分かってしまうのがドイツ。居酒屋で出会った泥炭運搬トラック運転手兼社長さんは、「わしも昔は舟で運んでいたもんだよ」と懐かしそうに話してくれた。底が浅く帆が一枚だけの簡易すぎる小舟だった。

Goden Dag！　こんにちは！
英語？ドイツ語？　プラットディッテュ！　近頃この言葉を純粋に話せる人が急減。どこの国でもマスメディアの影響は大きい。Bremen 大学では外国語講座の一種目にある程。

ガラス博物館
当村二つの博物館の一つで、かつての鉄道停車場を改装した。来館者は少ないが、ここに限らず『費用対効果』などという発想はこの国の文化政策には希薄と思える。
もう一館はジャガイモ博物館と、流石にドイツ。

「博物館脇に聳えるこれは何ぞ？」と尋ぬれば。
これぞビオトープ、多孔質空間。昆虫などが自由に出入りするそうですが、わたしの訪問時は 11 月中旬。訪れる昆虫はなく、ビオトープ櫓は開店休業の様子。
Biotop　この単語をどう訳すか？　当時の独和辞典にはまだなく『道と小川のビオトープづくり』（原著：バイエルン州最高建設局/：集文社発行）をグループ（西ドイツ国土計画研究会）で翻訳した四半世紀前には頭を捻ったものだ。残念ながら、響きがいい造語適わず。カタカナのまま世間に広めることに。

4, 木組みの家並みで観光地と思いきや、ここに住む人の町　Celle

　８００年以上の商都の歴史を誇る人口７万人（ドイツ的には中規模都市）の郡庁所在地。通商交易の結節点であり、また郡内産業（機械製作や石油、天然ガスなど）の経済的な中心地である一方、州都 Hannover に直線距離 40 km、VW 本社工場のある Wolfsburg に 50 km と通勤圏内でもある。

　と言う風に書き出すと、「あれっ？」と首を傾げる方が多いのでは？　日本で市販されている旅行ガイドには必ず大きな見出しで登場する古都、観光名所のはずだし。

　数回訪れたが、築数百年の Fachwerkhäuser（木組み外壁の家）で名高い町なのに「古きものを観光向けに大切にしている」という印象は受けない。なにせ観光案内所は職員たった一人で切り盛りしているのだから。　郊外を含めこの地域に住む人々が中央駅から徒歩圏内の Altstadt（旧市街）で、食料品から雑貨、日用使いの耐久製品まで買い物を済ませる（地理学用語で）圏央の町の姿だ。木組み模様の鮮やかな美しさを保つ旧市街を歩いた限りではスタバ・マックなし！　グローバリズムに毒されず古風な Celle らしさを保っているのが嬉しい。一方通行のメインストリート上は車が溢れるばかりで街の繁栄を窺わせるが、渋滞解消よりも歩行者を優先しているのだろう。市民、買い物客、ツーリストのために広々とした歩道が道の両脇にあり、ゆったりと街歩きを楽しむことが出来る。表通りに裏通りに、連なる木組み外壁の家々を日本の古都、京町家に見立てれば、さしずめ小京都の趣。

うんちく・がんちく　その３９

読み上げ算　z.B. 386　　dreihundertsechsundachtzig

ソロバンの読み上げ算では、「さんびゃくはちじゅうろくえんなーり」と。
上の桁から順に読み上げる日本語の作法（中国でも同じ順で聞き書きし易い）
しかし、ドイツでは、１９までに限られている英語の比ではなく 10 の位と 1 の位とが必ず逆立ちする。（30, 50 のように 1 の位が 0 の時は例外として）
聞き書きに不便だと思いません？そこで、Bremen 大学ドイツ人女学生たちに書き順を訊きました。例えば「さんびゃくはちじゅうろく」の聞き書きは？

　(1)　３　　(2)　８　　(3)　６　　　３８６の順に彼女たちは書くそうで。

それじゃあ、sechs を聞いた時にはまだ書かずに　achtzig の８、即ち１０の位を聞くまで我慢して両方の数字を一気に、８６と書くということなの？「そうですよ、それが何か？」という反応。習慣になってしまっているから不思議でも何でもないらしい。Japaner に不思議がられてから間を置いて「確かにねえ」と。
３・６・８の順で書く方も多く、十の桁を空地にしておき、８は聞いてから埋める。

広々とした芝生公園の背後に見えるのは市のシンボルの一つ。古城というより宮殿の趣。旧市街をおおらかに見守っているかのように感じるこの城址公園と、隣接する木組み外壁の家々(下段写真参照)とのコントラストが印象的。市とは言え、人口僅か7万人ほどの町に凝縮された伝統と市民の誇り。「町は広くなくていい。こじんまりが一番」と心底実感できる Celle の町歩き。

木組みの家並み(Fachwerkhäuser)は、Göttingen など北ドイツのあちこちで見受けられるが、中でも有名なのがこの Celle。とは言っても、住民にとっては数百年来当たり前の風景。ここで働き、買い物し、普通に生活している。時代がどんなに移ろうと、梁と柱、構造と品質がしっかりしていれば周回遅れが魅力になる。もちろんわが国にも比肩できる建物・町並はあり、京町家、白川郷、大内宿などから離島の漁師町や茅、葺農家まで。奇をてらわず、風景に溶け込み風情を醸し出している。

足場をこんなに高く組んで修復作業。それもそのはずで優に5階建ての高さあり。木組み外壁姿が化粧直しされて、後日また以前と変わらぬ商店兼住居が現れるのだろう。お隣とどちらが古いのか分からない風情で。ただし、と言うか流石と言うべきか、ホンモノ素材を使ったマイスターの仕事は今日でも工期が長く、来年訪れてもまだ修復中ということは珍しくない。

旧市街のごく小さな Gasthaus(簡易ホテル)レストランの昼下がり。
初冬の曇天に散策するおじいさん。そして、子連れの若いお父さん。広場の露店で求めた花や苗を大事に抱えた奥様達も行き交う普通の、でも心安らぐ街。ビールと豚の一皿で一人ランチョンしながらこうして通りを眺めていて飽きない。この町は決して観光地ではない。住む人の息吹が感じられる。しかし、そんな何気なさ、そんな雰囲気に魅せられて観光に訪れる人達も多いのではないか。 Niedersachsen 州では珍しく日本でも良く知られた町なのに、有名な観光地とは違い生活感漂う街だ。

5，ヒラメ絶品の漁師町は郡都。干潟観光でも賑わう　Cuxhaven

　北緯５４度まで20km足らずとは信じられない暖かさは、北海の暖流と気さくな人達のお蔭。　人口５万人弱のこの町は、ドイツ湾東部の北の端に位置しているが、流石は郡庁所在地。行政関係では古式ゆかしき造りの裁判所まで揃っている一方、駅前にはモダンなショーウインドーの個人商店が立ち並ぶ。その先には戸建てや集合住宅が、主張し過ぎず互いを引き立てる外観で整然と軒を連ね、港町とは思えない。　漁港の片隅の裏通りまで侵入し、やっと船員の町らしい猥雑な風情に出会う。

　ドイツでは地区詳細計画と呼ばれる面的都市計画によって町づくりを進めるのでどの町も整然としている。ここに幾世代にも亘って住み、営み続けることを可能にする高質な建物の持つ品格と、その耐久性がもたらす経済的メリットを再認識させられる。だからこそと言うべきか「この町ならでは、Cuxhavenらしさ」を演出するには工夫が必要なのかもしれない。街角から船のマストが見え、塩の香りを感じ、地場産品を扱う昔からの商店（琥珀から魚まで）がそこかしこに見受けられ、地元言葉が聞こえ、「らしさ」を醸し出している。また、スーパーマーケットが商店街に遠慮がちに溶け込んでいるなど、基本的に地元商店の共存共栄が街の賑わいの原動力になっている点も見逃せない。ここにもマック、スタバはなく、空き店舗もない。

　浜辺に出れば見渡す限りの大洋、地球が丸い。ここはWatt（干潟）。干潮時には5km北の島まで徒歩や馬車で渡れる自然の驚異は人々を魅了するばかりでなく、主として鳥類のための、ヨーロッパで指折りの広大な自然保護地域だ。夏は海水浴、春秋は干潟での琥珀拾い（わたしは泥炭しか見つけられなかった）で家族が憩える。振り返ると、大海原と海岸林に挟まれ北海を一望できるマンションが並んでいる。

ヒラメでランチ！の贅沢は漁港の町ならでは。ドイツでは珍しく、写真付きメニューが店の入口に。甘酸味白ソースがベストマッチ。

ウナギ丸醸し作業所兼売店。全て大将一人の一貫手作りで直販売　安い！ヒラメ一切70円

風向、風速表示モニュメントを頼りにエルベ川を往来した往時を偲ばせる。機械の国の発展を支えた。

海上の自然保護地域が広大なので船舶航路は極めて狭い。そのためか観光船の発着港は北海に面し、漁港と港内遊覧はエルベ川沿いに、それぞれ独立して立地している。また、市内には Kaserne Straße（兵舎通り）という名が残っているので、かつては軍港もあったのだろう。しかし、戦争の名残は姿を消し、平和な賑わいだけが市内各地区に広がっている。

　水害を防ぐ行政には抜かりなく、浜辺の堤防階段には警戒水位に達した過去その都度の高潮時高水位が小刻みに刻まれ、漁港周りには必要な高さの水門が設置されている。地震津波には縁遠くても、波浪と高潮もまた、北海の町の名物か。（注：北海沿岸に３ｍの津波が押し寄せた記録があるとのこと）

　名物の一品、一本丸のままのウナギ燻製に驚く。この地では開きではなくぶつ切りで食す。Hamburg ではウナギのクリームシチュー煮を注文したことがあるが、こちらは輪切りにして煮込んであった（正直言うと、箸が震えて食せなかった）。ともあれ日本人にはかば焼きがやはり一番。名物のもう一品は、かつて船員食だったというハンバーグ風生牛肉のたたき。練られ粘る不思議な食べ物で納豆を連想させる。恐る恐る口に運ぶと、食感が一種独特な牛の刺身だ。一方で、魚の生食は法律で禁止（寄生虫予防）ということに寂しさは拭えないものの、一匹丸のままの Scholle（ヒラメ一族）ムニエルは流石に産地。巨大なヒラメ型のガラス皿にポテトを添え北海風の愛嬌のある盛り付け。左ヒラメに右カレイ。魚は左向き、皿は右向きの妙。

うんちく・がんちく　その４０

山の高さ（地質学教授の講義から）

西暦、例えば　1984 年は　１９百８４と読み上げる。
２１世紀初頭の今日この頃は、2001 年が２千１、2018 年は２千18で日本と同様。im Jahr 2018 と呼ぶこともあるが、普段は年（im Jahr）を省略。数字だけ呼び捨て。文脈からその数は暦年だと分かるからご安心を、とな。
ところで、Bremen 大学での地形学講義中、Z 教授が山の高さについて歴年と同じ表現をされ Siebenunddreißighundertsechsundsiebzig Meter hoch な富士山。違和感なくすんなり耳に入って来たものの、ハッと気が付き、直ぐに質問。教授自身何の不思議も違和感もなくお使いだった由。この言い回しは暦年（1999 年まで）に用いるものと教わったけれど、そればかりではなかった。Ｂ大第８学群地理学科専売特許ではないと思うんですよ。考えてみれば、一番高い山でも４ケタ。3776m など、二ケタずつに区切って読む方が短くて済みますし。ニュース番組でも時には、２０百18年と聞こえてくるご時世。

159

6, 路線バスが至極便利。住宅地内巡回サービス　Steinhude

　氷河の悪戯と言うべきか、Niedersachsen 州北部には起伏がない。燐州 Bremen は海抜 12m。見渡す限り山どころか丘さえない。その一方で湖もなく、例えば Unisee と呼ばれる Bremen の湖は大学建設のための土砂を採掘した跡地だし、Steinhuder Meer が州内唯一の自然湖なのだが　Moor（沼）とも呼ばれるだけのことはありウナギ産地。エルベ川が北海に注ぐ Cuxhaven と同じようにウナギ燻製製造直売所がある。養殖場が見当たらないところを見ると、日本人には夢の天然ウナギ。しかし、真中に背骨が残る「輪切り」で出されるかと想像するだけで、食欲湧かず。

　Hannover まで 20km 程の通勤通学圏内にあるこの町（Neustadt, Wunstorf の 2 地区から成る）の人口は両地区とも 4 万人台で横ばいなのは Landschaftschutz（自然景観保全地域）かつ Naturpark（自然公園）であるこの地域にとってプラスだろう。人口増加を地域発展の主要指標とすることが一般的だが、地域にとってプラスとは限らない。幸いなことに、街道を走る大型トラックは少なく静かな環境の中で、設計や税理会計などを生業とする若い働き世代の事務所兼住家を数多く見かける。

　また、路線バスのルートが興味深い。日本でも夏場の保養地ではバスが主要道から逸れ湖畔の水辺まで迂回することがあるのかもしれないが、ここでは一年中街道を外れ、住宅地域内に入り込み巡回する。子供たちやシニア世代は日々一刻を争う訳でなし、自宅付近で乗降できる方が有難い。世界に冠たる自家用車大国を誇る一方で、公共交通手段が都市計画の中にしっかり緻密に位置づけられているからこそ出来る技。また、この町に限らずバスの運転手さんの対応が親身で、ある時は、小学生の乗客に「その髪型はヒットラーの様だから床屋に行きなさい」と母親のように優しく諭している姿が微笑ましく、行きずりの私まで嬉しくなった。

大木が地面から水分を十分吸収出来て、しかも根が舗装を盛り上げないように、歩道敷石を車道に迫り出させている。

5km×7km 程の、州最大の湖。写真のヨットハーバーの他、艇庫、バカンス用住居まで湖岸に揃っている。

Steinhude で一点だけ違和感を覚えたのは、湖内の小島に白塗りの観光施設が一棟あること。夏場仮設の日本方式海の家や、冬のドイツに突如現れる観覧車のように、季節限定で自然の風景に溶け込んだ建物に出来なかったのだろうか。

うんちく・がんちく　その４１

「あっ、言い間違えた！」時、どうする？

明瞭なドイツ語がパソコンで四六時中聞ける昨今、わたしは『Bayern 5 』ファン。同じニュースを繰り返し流してくれるので勉強に最適なラジオ放送。

ところで、たった今、アナウンサーが einen Ziel と。正しくは中性 ein Ziel と習ったが、原稿自体そう書いてあるのだろう。そのままお次の話題へ。辞書を紐解くと、やはり中性名詞だ。しかしお咎めなし。

このように言い間違いは誰にもある。それに、二回に一回は途中で言い換えたくなるのが会話じゃないか。ところが、途中まで話してから言い換えるのを不可能にさせるが如きドイツ語文法。性、格がその頭目でがんじがらめに。

例えば、名詞。気持ちよく滑らかに（不）定冠詞、形容詞、と話し始めてしまってから、「わぉ、ここでは他の名詞の方が相応しい」と気付いたとしよう。例えば、女性が主人公の一文。若いから Fräulein だ。当然 ein hübsches と進んでハッと気づく。「現代の女性達は若くても自身を Frau と自覚しているらしい。Frau は女性名詞、「ここは eine hübsche だった。失礼しました」。でも、冠詞や形容詞については「きっといつか、名詞の性や格に釣られての変化なんぞ英語のように無くなって行くんじゃ！」と、言語学者になった気分で気持ちの整理が出来ればなあ。

また、比較的長い口述の途中で、動詞を言ってしまってから主語を入れ替えたいことだってしょっちゅうある。そもそも主語がなくても文が成立する日本語にトップリ浸かっている日本のわたし。「主語が替わると動詞も変化する？何のために？必要性が分かんない！」と開き直る度胸があればなあ。

わが会話術の、Ｂ大での師匠であるドイツ人物理学徒君に訊きました。「君ならどうする？」「たとえ主語を替えても一つの文を最初から言い直したりする必要はないです。文脈から分かるんだから。話の内容が変わってしまう時とか、公式スピーチの場では Entschuldigung と一言詫びを入れて訂正することもないわけじゃないけれど。定冠詞を間違えたとか、名詞を交換したところ定冠詞や形容詞の語尾変化がそぐわなくなった等という程度では、気にしたこともない」。ですよねえ、小事、小事！

7, 中東色濃い移民の町は国際都市を目指す　Wilhelmshaven

　お国自慢合戦。「Bayern には山と白ソーセージがあります」「Ostfriesland には海とピンケルソーセージがあります」。B 大日本語講座の教科書に Weißwurst が南、Pinkelwurst が北代表で登場し、わたしの日中会話練習（タンデム）相手の王老師が一所懸命暗記していました。もっとも「ドイツと言えばソーセージ」という先入観を捨ててこそ美味しいドイツ料理にありつけると、住んでみると分かるのですが。

　その Ostfriesland にあって主要な港町 Wilhelmshaven は１９世紀半ばにPreußen がこの地を軍港として整備しその後成長を続けたのに、先の大戦で町の大半が瓦礫に。現在は人口 78000 人とは思えないスケールを感じされる市に復興し、高層ビルはないものの、時計塔が聳える市役所を核に近代的で整然としている。その反面、中央駅から沿岸にかけて工業・港湾地区が広がる。近年コンテナ船岸壁が完成し行政は２－３千人の雇用増を目論むが、大型船にシフトしている今日、水深などインフラ面で港間競争力に懸念が拭えない。食堂の主人が「中国船が多いが、本国から労働者が乗って来るので雇用が増える訳がない」と嘆いていた。経済大型化で一気に町の振興を図る戦略だったが目標達成の道のりは険しそうだ。また、本社工場のあった世界的事務機メーカーOlympia 社が 1992 年に倒産して１万人の雇用が失われ、片や冷戦終結を受け海軍が大幅縮小されたのもご時世で、基幹産業が人を連れて、去って行った。

　一方、技術者、労働者、移民の流入は船舶製造業が盛んだった時代からの伝統。Bant 地区には専門技術者等を迎えるための優良住宅地区が当時整備された。それにしても今や街行く人々は皆中東系。移民難民の他にもアジアからの留学生など外国人が 33％を占める現在の Bant 地区は「ゲットー」化し、地区内失業率は 16％以上に達する。古ぼけてしまったアパート群は空き家率が高く家賃が低いからだろう、単身青年層の比率が高めだ。この現状を、都市への再流入（の契機）と見做すことも可能なのではないか。Berlin などに先行モデルがあるように、かような地区には芸術家志望などの若者たちが移住し易く、再び活性化する可能性がある。市行政は市民大学等に力を入れ、言語や職業訓練などを通じて在来市民社会と流入者間の垣根を低くし、また地元経済界に広く受け入れられるように努力する他、国際会議の誘致にも積極的だ。近い将来 Wilhelmshaven がどんな国際都市に成長するのか楽しみに待ちたい。

　港湾地区に足を延ばすと、博物館好きのドイツらしく海軍（Marine）博物館があり、館外には長大な U—Boot（潜水艦）も展示。他に水族館もある港町、昼餉は魚料理店で。でも軍港のすぐ脇だし『横須賀海軍カリー』が脳裏をよぎる。が、Scholle（ヒ

ラメ族）が品よく薄味で味わい深い。女将さんの給仕がてきぱきとしているのは海軍仕込みか？　しかも女将の、微に入り細に入りの料理紹介に、美味しいイメージが膨らみ。Guten Appetit.　どうぞ召し上がれ。お飲み物は何になさいますか？北の港なのに南の Weißbier vom Fass を味わえる今日この頃。

名高い Kaiser Wilhelms Brücke 大型船が通過する時は開いて「お通り下しゃんせ」。可動橋で普段は車両一方通行。両脇にあるかつての門番小屋に赤信号が点灯している。街道筋ではなく渋滞の心配はない。

河口部の高潮対策堤防。北海を眺めながら散策できる洒落た遊歩道の一角（写真右）にはホテル兼レストランが。一石三鳥!!わが国でも防災対策に活かしたいアイデア。スペイン風なのに町の景観に馴染んでいる。

うんちく・がんちく　その４２

Weißwurst　名物料理をどう食すか？

あるテレビ旅番組で、ドイツの国民食はカレーソーセージだと紹介され(@_@)？？？ところで、Bayern 名物 Weißwurst 。午前中に食すものという言い伝えがある名物『白ソーセージ』の薄皮の剥き方についての講釈を一席。さてお立合い、Weißwurst、これこそビールの友。流石 Bayern !　農家の朝はとても早い。ひと仕事終えて、第２朝食にこのソーセージ。Freistaat Bayern なんだからこそ？許される道理。

さて、剥き方の基本は、縦方向に皮に切れ目を入れてから本体をフォークで押さえ、ナイフの腹で薄皮をぐるっと剥いて行く、と説明書きにある。確かにバイエルンっ子はこんな風にして美しく剥く。不器用なわたしはこの基本に逆らって、口に運ぶ分だけを、その都度お皿接触部分の薄皮を残し輪切りにする。ナイフの腹でそのまま右側を押さえソーセージの連結状態を保ったまま左手のフォークで左側の肉を吊り上げる要領。時には失敗し形が多少崩れるけれど、それも愛嬌。それに、わたし的には皮だって美味しい。でもマスタードは是非お忘れなく。リットルジョッキ（Maß 桝）で乾杯！にお似合いの一品。Ein Prosit, ein Prosit der Gemütlichkeit ♫　北ドイツでは、この小唄を「聞いたこともないわ」と言う若者たちが多く、寂しい限り。

8，隣州では連携自治体を Amt と称し Amt Krempermarsch

エルベ川右岸、河口から 25km 程の Krempermarsch は総人口 9598 人(2013.7.1
以下同日のデータ)Schleswig-Holstein 州内１０村で構成する Amt（連携自治体）
だ。各村がそれぞれ異なった顔（特性）を持っていて、これこそ「合併」せずに
「連携」でいられる大きな理由ではないか。その中から５村を紹介してみたい。

　Kremperheide は名称の Heide から広々した自然景観が窺える。交通の便が良く
現役世代の新築流入が村の自慢。人口 2485 人は人口密度と共にこの Amt 内一番。

　Krempe に Amt の役場が置かれている背景は、13 世紀末に「市 Stadt」の称号
を与えられて以来の格式の高さで、写真の旧「市」役所は 1570 年築。旧街道の風
情を残す表通りは修復が行き届き、日本の妻籠を想い出させる。脱線するが、北ド
イツレンガ造り住宅の大修繕費は１千万円以上と言われる。しかし、百年住宅なら
ば、年１０万円の勘定で済む。スクラップアンドビルドで経済発展し蓄積の少ない
発展に固執する国では疎まれてしまうのだろうが、一世代住宅、耐用２５年に比べ
何と経済的か。お色直しと電気等設備の更新だけで済む。因みに、公共事業で立ち
退く建物は耐用年数約 100 年として査定される。実際、Celle の Fachwerkhäuser
では木材の太さが全て目を見張る超大黒柱級だし、この地域は頑固な赤レンガ造り。

　Elskop は人口が最小で僅か 161 人。村道の北側に大邸宅が並ぶが、村の大半を
占める南側は全面積が畑（部分的に風力発電に利用）。土地利用の区分がはっきりし
ているのはドイツ全体に見られる美点。それにしてもこの村は格段に見事。

　各村に名前があるのは自治の出発点ではなかろうか。限られた枠ではあっても政
策決定権を持ち、それに名誉職 Bürgermeister （首長）が各々選出され置かれてい
る点は見逃せない。それぞれの村が誇らしげにその特色をアピールしあっている。

　ところで Amt Krempermarsch 内の１０村に共通するテーマは子育てしやすい
村環境。　大半の７村は人口千人未満なので、其々に小学校を置くには少なすぎる。
子供園は小規模でもよく、公立に限らず教会併設でも運営できる（ドイツには教会
税があるので裕福）。　それに、小村とは言え平地の北ドイツ。山村とは違い通学、
通勤、日常生活に不自由はなく、自然に恵まれた静かな環境で子育てしたい若い世
帯が移り住む。例えば Süderau 村は「幼稚園はありますよ。日用品は隣村の Krempe
で何でも賄えます」とのスタンス。小村内で生活必需品全てを賄う必要はない。

　Landwirtschaft, Industrie, Naturschutz（農業、商工業、自然保護）は Rethwisch
村施策の三本柱。Amt 全体としても同じくその調和を目指している。それに伝統と
文化。農機具博物館と常備薬博物館がこんな小村にあるのは流石ドイツ。

　地域活性化と言うと観光を思い浮かべるのが常だが、そんな考えは毛頭ない。そ

もそも旅人はどこで昼食？Krempe 役場で訪ねても「そう言えば定食屋さんないわねえ。でも昼時は焼鳥スタンド（Imbiss）開いてますよ」。わたしも半身を買い求め。

役場所在地 Krempe の裏通り。レンガ造りの建物を補修しながら美しく保つ。左ビフォーは窓の修復中。右アフターで新築の装い。また車道の敷石も年代ものでしかも分厚い。人通りは少ないものの、車椅子や母子、シニア歩行者が比較的多いのは、普段の生活に必要な店が町に揃っていることの証。古く小さな店だけど。

築 450 年を誇る旧市役所には、現在この村唯一のレストランが。何故かギリシャ料理でランチはなく開店は夕方と余裕。減価償却済の建物ならば家賃が低く馴染客だけで営業が成り立つのだろう。広告宣伝費など余分な経費は不要だし。古式ゆかしき結婚届役場と式場が 2 階に。

うんちく・がんちく　その43

心地よい挨拶　〜北と南と

北ドイツでは「Moin」、時には繰り返して軽快に「Moin, moin」とご挨拶。季節時候や天気、朝夕などに関わりなく全ての時空を賄える。日本の「ちはっ！」や「ども！」の便利さに匹敵する。北欧 Finnland の首都 Helsinki に旅した時のこと。北ドイツと同じく Moin と挨拶を交わしている！これには仰天。確かに Bremen から地続き。Ostsee をひとつ跳び、München より近いくらいだ。ところ替わって München 近郊の醸造元酒場 Lohhof 。馥郁たる地ビールは勿論だが、大厨房で念入りに仕込み煮込まれた Bayern 名物料理を味わえる。入店しよう。今夜は南ドイツ流挨拶で行くぞと、Grüß Gott !! 粋に片手を上げて店主にご挨拶。夕刻になり続々と入店して来るお客さんは、等しく「Servus」。当初は、ビア樽おじさんたちの凄みの利いた声に、その筋の方々の出入りが始まるんじゃなかろうか？と少し楽しみにしたほどだったが、南独では酒場に限らず友人間の普通の挨拶で Moin と同じく朝昼晩、「ちは！」から別れ際の「さいなら」までカバーするとの仰せ。ある時 Bremen で、同じ下宿に住む初対面の青年に「Moin」と挨拶したら「Servus 貴方の下部（しもべ）です」と挨拶が返り、懐かしくて「わっ、Bayern 出身でしょ」と陽気に訊き返し。「ちゃいまっせ、Stuttgart ですわ」と彼。「南ドイツ＝バイエルン」ではないのだった。

9，格式ある市役所と 300 年の森　Syke

　人口 215000 人の Diepholz 郡内に自治体がなんと５０弱あり、平均人口約４千人。郡行政下には５市（Syke もその一つ）名を連ねる一方、小村が多いので７連携自治体が構成されている。郡庁は西南部の Diepholz に置かれているが、二つの郡が合併する前の伯爵領 Hoya 時代、Syke は一方の郡庁所在地だったし、今も手工業・商業・劇場や学校などを屋台骨に賑わっている。Bremen 通勤圏内なので、昼間人口は２千人以上少ないとのことだが、人口は現在 24000 人強で若干増加傾向。

　職業は、交通・観光が三分の一、公的私的サービス業と製造とがそれぞれ四分の一ずつとドイツ全体の縮図のよう。農業など第一次産業従事者は 6% 弱に過ぎない。

　駅から、曲がり角の多い広小路商店街を市中央に向かって歩く。綺麗に修復された建物が多く、伝統的というよりも近代的で整然と並んでいる。この市が日々の需要を満たすだけのレベルを超える購買機能を備えた圏央の町だとウインドウショッピングで実感する。どの店も品揃えが豊富で良質。この地ならではの名産品という訳ではないのだが、魅力的な革製品を扱う店舗が多い。片やグローバリズムの庶民的象徴マクドナルド（マック）が中央郵便局近くに店を構える。平日の昼時だからか、はたまた昼食がドイツ人の主たる食事だからか、客は皆無。地元主義のわたしは勿論郷土料理店に立ち寄る。帰りの電車を２本（２時間）パスして寛ぎ、手の込んだ料理に満腹・満足する。Schnecke （エスカルゴ）がメニューにあり驚いた。ドイツ人も食すそうだがドイツ中どこでも誰にでも愛されている訳ではないのだろう。見かけたのは（W 氏向きの大衆食堂では）このレストランが最初で最後だった。

　町の此処彼処に美容院があるのに感心する。美的感覚が欠如しているわたしには、出会う人々の髪型がとりたてて美しいと感じられないのが寂しくもあるが。

　また、この町にも当然のように博物館がある。昔の豪農の営みをそのまま農業博物館化し、母屋、倉庫、馬車、大竈、鉄道引き込み線などが保存されている。対面の『３００年の森』にはブナの大木が広がり随所に歴史的記念碑が立っているが、森は観光者向けではなく、住民の身近な散策コースに利用されている。森の隣にある自転車屋さんには『Meister の店』と大看板が掛けられている。Syke は 2005 年に州政府から【自転車に優しい市】と認定されたことが頷ける光景の一つだ。

　ご覧の写真。北ドイツ名物の木組み外壁。Celle の木組み建築の大半は４，５階建ての商店兼住宅風だが、ここでは戸建て住宅が主流で、このような大邸宅をよく見かける。右の一枚は旧郡庁（現市役所）。日本の長屋門を思わせる中央開口部を抜けると広々とした中庭の先に市役所本館がある。歴史的建造物は屡々博物館的に利用されるが、ここは現役で動態保存。公務員が職務に専念しているとのこと。

木組み外壁＋美的センス。どんな方がお住まいかと気になる邸宅

歯医者さん。木組み模様が歯並びに見えません？　噛み合わせも健康的にきっちりと。

1740年建築で今も事務棟として現役の旧郡庁（現市役所）白が基調の市内建物群の代表。

うんちく・がんちく　その４４

「1dm 8cm 3mm」とは何ぞや。　　日本では「18.3cm」
Deziliter デシリットルは１０分の１リットル。これは日本のわたしも使う機会あれど Dezimeter（フランスでは Décimètre）は馴染無く。18 cm を二つに分けて書く理由があるのかいなあ？大学の地図学演習での一コマでした。

また、掛ける（・）　割る（：）　の記号も見慣れない。3・5＝15　　18：2＝9

ご存知のように、日本の小数点はドイツ語ではコンマに取って代わる。では、千や百万の位ではどうするかというと、「コンマ程の小スペースを空けて書くのが普通なので、『数字が蛇のように羅列されているだけで桁が分からない』などという心配はご無用」と。が、実際にドイツ人の手書き数字に接するにつけ、三桁ごとにあるはずのその隙間はあらず。セルフサービスでコンマを挟み確認する羽目に。あたしゃ数字に弱いのか、目力が足りないのか。そんな苦難の末、ふと思いついて、ドイツの電卓を手にし、掛ける（×）、割る（÷）、は、日本と同じキー表示。（カケルは手書きでも×の方が普通なよう。有難い）
しかし、そこは流石にドイツ流で、小数点はコンマに変身している。注目は４桁以上の場合の読解支援策（コンマや空白）だったのだが、４ケタ以上になっても三桁ずつ区切るべきそんな目印は画面上になく、ただただ数字が羅列されている。日本製の、カシオの電卓なんだがなあ。。
ついでの折小さな話ですが、あなた、小数点以下二ケタをどう読みます？例えば「3, 45」。数学・日本式に「さんてんよんごー」と棒読み？算数的正解は両国同じですが「3コンマ　fünfundvierzig 」と流すこともあるようで。ユーロの釣銭も勿論後者流。しかも Euro の発音が消え drei fünfundvierzig と聞こえる。

10, Marktplatz は どこだって教会前のはず　Nordenham

　日本人 W 氏は時々とんでもない質問をする。町の中心 Marktplatz では、「開放的で、周囲の家並みにも癒される広場ですね。ところで教会はどこなのですか？」「ここにはありません」「えっ、じゃあ教会が潰れたんですね？」と。「ｍｍ、ここは建設会社の資材置き場だったんですが、移転したので市が買い取り、イベントなどを開催できる公共広場にしたものです」と諭され。教会が倒産するはずはなく。

　Nordenham は Weser 川河口。北海近辺の土壌は貧栄養で農耕に適さず、表土を削り取り牛舎などで肥料を与えた後に元の地表に戻すという独特の Plaggenesch 農法がかつて発明された土地柄。なので Bremen から電車で下って行くと、所々に風車の大群が現れる昨今にあっても周囲一面のどかな牧草地。と、そこに突然高層建築とテレビ塔が視界に入って来る。

間もなく終着駅 Nordenham だ。しかし歴史を背負うこの大駅舎は既に御用済み。切符自動販売機さえあれば駅員、駅舎は不要という理屈だ。考えてみれば、昔は鉄道会社が行っていた仕事を乗客が代わりにさせられている訳で、会社の経費削減は乗客の負担増。機械・PC に疎いシニアは電車に乗れない。遅延常習 ICE 特急への苦言と併せ一筆啓上したいが、肝心なドイツ人乗客は諦念の境地にあり。

　さて、Wesermarsch 郡は郡庁を Brake に置き、Nordenham は経済の中心地。人口は郡最多の 26294 人（2016.12.31, Wikipedia）だが、2004 年から１２年間で約 1400 人減少している。　もっとも郡全体でも 94000 人が 89000 人にと同期間に約５千人減少しているので郡内での人口移動・流出とは考えられない。産業・就業構造は時代と共にある。鉄道ダイヤが大幅縮小され、経営効率の悪かった畜産や農業系中小企業が淘汰され大企業に替わった。それでも工業港の町 Nordenham には航空機（エアバス）、電子機器、化学金属工場が立地し失業率は比較的低い。お隣の工業都市 Bremerhaven に抜ける Weser 川横断トンネルが開通し、現役世代の対岸への通勤が便利になったが、これを契機に家族ごと流出する逆効果ケースも起こっただろう。人口減少傾向の中、郡行政は中小企業の経営強化を柱とする経済促進計画を 2015 年に作成し、町の活力復活に努力している。悲観の必要はない。商店街にシャッター店舗は皆無。300m 程の地元商店街には銀行、薬局、衣料品、本、眼鏡、スポーツ用品店などが連なり、何でも揃う。利潤追求型でなく生業型商店ならば採算が取れる見本だ。チェーン店はスーパー１店舗だけでマック・スタバはない。文化・スポーツと健康面では、映画館や劇場、大学以外の教育機関全て、屋内プールや各種体育協会が揃い、北海の自然保護地はすぐそこ。魚は北海の水揚げ、牛や羊もご近所住まいで新鮮・安心。ここに何の不足があろうか。

駅舎は空き家。切符の自動販売機二,三台で代替えされるとは忸怩たる思いだろう。

地元商店街の歩行者天国。買い物は短い動線で全て賄え店主との会話も弾む。

中央広場。箱モノ施設と違い市は土地代だけの支出で、各種のイベント等の造作は主催者負担

うんちく・がんちく　その４５

Ich ging.　はたまた　Ich bin gegangen.

バイエルンっ子 S さんの指摘によれば、「行きました」は、北ドイツでは過去形で、バイエルンでは現在完了形で表現される。だから南の Bayerisch こそ標準語だと。確かに、学校で「話し言葉では現在完了形が広く用いられる。英語と違い、過去のことは全てそれでよろしい。話法の助動詞と『ある sein, 持つ haben』だけは例外で過去形を使うので覚えるように」と習ったわたしたち。W 氏に至っては、他の動詞の過去形は覚えなくていいと理解し澄ました顔をして話している（本を読まない人だ）。　ging 以外にも、北の Bremen では 「そう思いました」は、「Ich dachte, … 」 が主流。路面電車内で幼稚園児が Ich dachte, … と話している。保母や家人がこの表現を使っているんだと容易に想像できる。そこで Bremen 大学の優等生に訊ねたところ、彼は Ich habe gedacht, … も併用していると。「どんなケースでどちらを選んでいるか？は自覚がないが、学生仲間では Ich dachte, … の方が多いと思うな」とのこと。これに続く副文の中身が現在の事柄で現在形であろうが、過去の事象で現在完了形であろうが差支えなし。勿論北ドイツでも大半の動詞に現在完了形が使われているので、ging, dachte は、言い出しに使われることの多い一種の枕詞的例外的用法と理解しておきたい。加えて、Ich dachte には仲間への思いやり、遠慮と配慮がしばしば秘められていることに気付く。本来は「Ich denke,… わたしはそう思っているんですが、、、」と現在形でしっかりと主張したいところを、接続法第Ⅱ式のように和らげて。振り返れば、日本語でも人間関係優先、穏やかに主張する訳でして、「今はもう、そうは思っていない」かのような言い回しを過去形に託しますね、「、、、と思ったんですがねえ。。。」と。（実はまだそう思っている）

11，国境の町。保存と刷新と　Leer

　３市を含む２０程の単位自治体から成る Leer 郡の人口は約 168,000 人。日本なら一つの市ほど。Leer はその郡庁所在地で、船会社数は Hamburg に次いで国内第２位。当地の伝統ある海員学校が船長、機関長候補を輩出し、水運が産業の基軸なのは今日も変わらないが、一方で造船業はそのノウハウを活かし風力発電施設製造業に進出した。安定した西風に恵まれている地域特性を活かした風力発電団地がエネルギー供給源になり、伝統産業の機械、電気機器、鋼鉄製造の未来が再び蘇る。こうした背景から、今日約 34,000 人の人口は年に数十人のペースで増加している。

　寺町通や旧市役所など観光資源に恵まれた港町。分厚い小冊子を始めパンフレットが揃ったインフォメーション（Ｉ）では、この町を熟知している専門的職員が市外から訪れる人達に「自分が市の代表者だ」との気概でどんな質問にも懇切丁寧に答え説明される。親身な応対は、熟知度の高さとプロの自負に支えられている。

　ここは流石に国境付近。オランダ行き切符自動販売機はオランダ語表示。とは言え EU 加盟国同士。駅前の税関は（EU 脱退がなければ？）今や不要の長物で、レンガ造り庁舎は民間会社の事務所や週末の催しなどに転用されている。港方面に歩いて行くと道路はそこかしこで斜めに交わり、道に迷ってしまう。しかしそのおかげで裏通りの随所にある古いレンガ造り住居や何気ない日常風景に触れることが出来る。表通りに戻り貴金属店や時計店を覗くと白衣の職人が精密作業に没頭している。職人の地位が高いこの国。歴史のある町でしばしば見かける光景で、製品への信頼と愛着が自然に湧いてくるだけでなく、商店街全体のムードと品格を高めてくれる。近江商人の心得「売り手良し、買い手良し、世間良し」を思い浮かべた。

Leer 市民の誇りと象徴である 1894 年落成の旧 Rathaus。市民がここに集い話し合い、アイデンティティを育んだ。 Rathaus を市役所と訳すが言葉足らずではないだろうか。役所仕事の建物というより、自治の大黒柱。

流石は郡の中心市。そこかしこに地場商店街が。マック・スタバは見当たらず。小舟形ベンチが港町に良く似合う。表通りは新築、裏通りは旧家旧教会修復。対照的な両区が散策時に町を二度楽しませる。

街角の茶商。家庭的な図柄の壁画がユニーク。　　朝市のパン屋さん。売り娘が美味しさを体現

うんちく・がんちく　その４６
日常使いに、短く便利な４表現

zack zack　　「急いで、急いで」
　その場、その時、この単語を知らなくても、雰囲気から察し「急がなくっちゃ！」と直ぐに従う付和雷同。表情、ジェスチャー、ボディーランゲージと並んで、こうした状況察知能力を活かすこともまたドイツ語日常会話に親しむコツ。オレオレ詐欺から日常生活を守るコツは、一旦 sich beruhigen（自分を落ち着ける）ことなれど。

quasi　　「いわば、言い換えると、ほとんど」
　と言った意味合いで、会話中のみならず大学の講義や学生の発表、発言でも頻繁に聞かれる。独立独歩の単語と見做してよく、続く文章中の動詞の位置などは気にもせず随意に挟んでいる。quasi, この合の手に続けて、今語った内容を別の単語や表現で再現。ダブらせてくれる訳で、聞き手からすると発言内容の理解がぐっと楽になる。惜しむらくは響きがアヒルの鳴き声のようで今一。

apropos（アプロポー）
　「アッポッポ」と聞こえる。会話中で「ちなみに、それはそうと」と言ったニュアンス。でも、この apropos、論文や書き言葉ではあまりお目に掛からない。

Blabla
「ブラブラ」と教室内の会話でよく登場する。敢えて翻訳するにしても「などなどとね」ほどの。「つまらん話よ」と言いたいところをグッと堪え角を立てずに省略モード、ブラブラで上手に納める。大袈裟に発声するのが特徴で、教授連から学生にまで広く馴染まれている。das Blabla 内容のないおしゃべり。ブラブラと退屈な雰囲気に飲み込まれそうな響き。

12,『未来に一層輝く村』全国コンクール優勝　Brokeloh

　Landesbergen（人口約 3000 人）内の一村落。匿名性皆無と言っていい『村の中の村』。しかし Bundessieger 2004 des Wettbewerbs „Unser Dorf soll schöner werden“「うちの村はもっと素敵になる」という村コンで全国優勝！そして Berlin での表彰式には全住民が（と言っても３百人程だったが）バスを連ねて参列し、更には全ヨーロッパでも銀賞に輝いた。2016 年冬に訪問した時は、「村の人達が親切で応対や手筈がテキパキしているし働き盛りが多いな」とは感じたものの、他の村と比べてそれほど目立った違いはないという印象だったが、この村の一体何が輝いていたのだろうか。そこで、ドイツ連邦食料農業消費者保護省（村コン主催者）発行の 　„Unser Dorf hat Zukunft“ 　を開いてみると、Brokeloh は「昔は農業専科の普通の村だったが、現在は村人達が多様な小企業を経営している。また、全ての村人が生き生きした田舎社会の保全に力を貸している。そんなアクティブな生活によって、家族が『田舎暮らし』に抱く希望を実現でき、Brokeloh 村民としてのアイデンティティが生まれる」。ところでその小企業《ファミリーカンパニー》はどんな商売かと言うと「騎士領の村ならではの伝統である馬術学校に犬の訓練校、畜殺場、ホテル業、保養地住宅など。農産物販売はダイレクトマーケティングを取り入れるという風にアクティブで幅広く、しかもどの商圏も村を遥かに超えている」とのこと。更に、注目すべき観光イベントは Live Rollenspiel。１０年ほど前から毎年村内の Rittergut（騎士領）で開催し、世界中から６千人以上！の Fantasie Rollenspiel* ファンが集まるとのこと。この村には、ユニークな世界的企画を打つ尊敬すべき仕掛け人がきっと居るに違いない。堅実で元気な地域づくりをあくまで土台に据えた上で、村民自身が楽しめ、経済・知名度アップ効果もある大イベントを打つ。

　また、最近まで村の小さな学校が若い世代全体を結ぶ中心だったことからも推察できるように、全人口に占めるシニア率が例外的に低い。その訳は、生活基盤である村内の経済活動を支え、支えられる青壮年とその子息たちが多いこと。そして、自然景観・古民家の保全・防災など日頃の活動、多くの文化スポーツ協会活動が村の枠を超えて活発なことが特記される。村のシニア世代は、祭りや自然環境保護などのバックアップに回っているとのこと。

　公共交通手段は小学校の登下校時間帯に走るバスだけで便は悪いが、運転手さんに行き先を告げたところ、バス停ではないのに目的地の軒先で下ろして貰えた。また「夕食時から営業」と看板のかかったレストランで、お店は昼の休憩時間（辺り一帯の村の流儀？）にもかかわらず夕食メニューの「ジプシー風豚シュニッツェル」を提供していただいた有難さと共に、この村で感じ取れた小故郷の人々の温もり。

写真右は肉の加工工場。かつての騎士領領主 Niemeier 家（写真左）が最近まで経営していた。村落唯一のお店でもあるので、品数は限られているものの野菜などの食品も買える。しかし、黒パンはかなり固く甘味は薄い。北欧 Helsinki の博物館（広大な敷地に豪農の建物、家具調度品が残されている）で「農家では年に２回しかパンを焼かなかった」と説明されたのを思い出した。そんなパンと比べられては立つ瀬がないと叱られそうだけれど、ドイツの乾燥した気候では密度が高く重いパンは特に長持ちする。また、この工場製のソーセージ缶詰は開けると内臓と肉汁の香りが溢れ出る。これらの地場産食材は、現代の都会人には決して美味ではないし、かつての寒村の食事を彷彿させるものだ。それでも村人にとって昔からの定番であり、故郷の味に舌鼓を打つ。勿論日本でも各地に昔ながらの味が生き続けているし、帰省時に、また旅人にとっても一番の楽しみではなかろうか。（わがF市ならば、O店の百年変わらぬ金つば）

* Fantasie Rollenspiel　一種の仮装パーティ。参加者自身が、例えば中世の騎士に扮し、自然風景を舞台背景に見立て、自由に役作りし演じる。

うんちく・がんちく　その４７

Was meinen Sie ?

仮に彼をF君と呼ぶことにしよう。ゼミナールでは積極的に、しかもユーモラスに発言する。B大地理学科の秀才の一人。

ところで、論文の書き方は言うに及ばず、遠足という名の４日間の行軍まで、厳しく鍛えていただけるZ教授が指導する地質学系の演習（Übung）での一コマ。F君は自身の発表を終え、ゼミ生からの質問や意見なんぞ余裕で淀みなく料理する。流石と思わせるF君。Z教授が満足した表情でにこやかに〆の質問をされた。学生たちの質問に比べ深かったのだろう。一瞬戸惑ったF君。教授に、Was meinen Sie ? と逆質問。口調がまた「あんた何考えてんのよ」という感じで。これには先生が驚くと同時に一同爆笑。質疑の掛け合いに普段は苦渋を感じているW君も一緒に笑えた。「日本語ならば敬語を使うべきシーンなどでは、当たりが柔らかい表現で行こう」と実感した、印象に残るゼミのひとコマだった。ここは Wie bitte ? 簡単で失礼もなく。「控え目がいいな」というケースでは、迷わず sollte 等の接続法Ⅱ式に登場願うのもコツ。

13，宮殿の多彩な利用と世界に誇る神学系図書館　Wolfenbüttel

　高名な図書館と宮殿の郡庁所在地。同名郡内人口の 43％、52000 人強を占める。2004 年から１２年間で２千人ほど減少しているのが気になり産業を調べてみると機械、自動車部品製造など地場の中規模企業が主で、雇用のキャパシティーが高いとは言えないようである。反面、森に囲まれた自然環境と Braunschweig など近隣都市との交通の便の良さから、住宅地として、買い物の町として人気が高い。

　宮殿正面の掘割から、石畳に誘われ寂の利いた木組みの裏通りへ。街の風景・風情にそぐわない大型店やマックは町外れ、スタバはない。グローバル化に対する取捨選択は地区詳細計画や景観条例で可能だし、そんな姿勢が市民の誇りなのではないか。地域内での仕入と販売が地域経済を潤わせる。興味深いのは 1794 年創業の私営銀行。古今東西、本店ただ１店舗のみ。頭取家は創業時から代わったが、地元企業との絆と近郊農業とを背景に現代に生き残っている。左下写真の先、広場の片隅のパン屋さんで自家製ライ麦パンを求めこの町の世間話。女店員さんは嬉しそうに「この町、大好きだから」と。残念。話に気を取られトルテを買い損ねた。

Herzog-August-Bibliothek（アウグスト公爵図書館）1572 年創立。現在の建物は 1887 年落成。館内が厳密に空調されているのは、宗教を主とした中世・近世早期の収集書籍と資料の宝庫（ヨーロッパ最多の百万冊を誇る）であるため。本に描かれた挿絵が特に貴重で研究者が世界中から訪れるので、博物館と呼ぶのがむしろ相応しい。また、フランクな学芸員さんの説明は詳細で、質問にも即座に気安く対応していただけ、予備知識がなくても所蔵品の意義や歴史をよく理解できた。

歴史を刻む小路が意外にカラフルで、木組み模様がくっきり鮮やかに浮かび出ている。アパート入り口脇に幼な子の大きな人形が乳母車に並んで売られていた。この先は広場。

土曜日の昼下がり。Ratskeller（市役所地下食堂）では、老若男女が店特製吟醸ビールの助けを借りて陽気に盛り上がっている。戦後復興からイタリア人青年の祖国の話題まで盛り沢山だが、やがてお開き。グループの長老に「うるさくて悪かったね」と声を掛けられたので、これを機にと、町への想いや昔の苦労話など聞かせていただいた。住むに不自由無きこの美しい中都市（ドイツでは１０万人以上が『大都市』の範疇）を愛していることが、身の上話を聞きながら手に取るようにわかる。

　３時、手の空いたマスターにも話を聞く。家族構成は御夫婦と子息。この町に住んでいることのマイナス面について質問したところ「スーパーがないので日用品を購入する時に不便を感じる。心配なのは子供の教育。この町を好きだけど自分には少し退屈だね」という答えだった。教育環境については、５万人の市内に３進学校（Gymnasium）、２職業校、１０小学校ある。大学入試センターで評点化される志願者の高校の成績が入学試験代わりなのだが、高校間に格差はなく評価は一律だし、中学高校、大学受験さえもないので、大学の新入生を見ても受験疲れした顔は見かけないこの国。それでも親心は日独変わりないようで。

　確かに、旧市街にスーパーマーケットはない。でも郊外には数店舗あるし、地区的に分割立地されているお蔭で旧市街は歴史と文化の町の風格・雰囲気が整い保たれていると、訪問者のわたしは思う。逆説のようだが、「ドイツ人建築士は、来日すると家並みや街の色彩の放漫さに心を奪われる」そうでして。人や職業によっては、この町を整い過ぎていて langweilig 退屈に感じるのかもしれない。

うんちく・がんちく　その４８

„der Wunsch" なのに動詞は „wünschen"

「動くと　ウムラう　願いごと」という具合でして、名詞中では母音が　a,o,u なのにどうして動詞でウムラっちゃう（ä ö ü ）んだろうか？？

全動詞中では少数派である。が、o/ö 組は殆ど見かけないものの、a/ä と u/ü の仲間は何人もいる。良くお目に掛かるところでは、

der Kampf / kämpfen,　　die Wahl /wählen,　der Traum /träumen

der Kummer / kümmern,　Tote(r)/töten　など。

ところでレアーケースではあるが、der Druck（圧迫、印刷）は生れ素性が複雑。　drücken（押す）とだけではなく　drucken（印刷する）とも親子。名詞になれば双方とも同じ　der Druck であり、双方の意味をカバーする。

ついでの折、学校は Schule なのに　生徒は Schüler。　紛らわしいこと甚だしく。発音の差異も日本人の耳では判別し難し。動詞は schulen とウムラわず。なぜそうなるの？そこには法律も条令も規則もないようで。

14，紡績工場が産業遺産博物館に変身　Delmenhorst

　明るく若々しい印象を受ける町は、かつての『大公爵領一級都市（響きがいかにも厳めしい）』、現在人口 77,000 人の Kreisfreiestadt（郡同格の市）。第二次大戦中、爆撃・砲撃の被害は僅か（市域の 2.3 ％）だったとのことで、「市域のおよそ半分が瓦礫になったという Bremen の直ぐ西隣りなのに？」と不思議に思えるほど。

　町を南北に分断する鉄道の北側線路沿いに、一世を風靡した『北ドイツ羊毛紡績工場』 „Norddeutsche Wollkämmerei & Kammgarnspinnerei“ の広大な跡地がある。ここは絶好の都市計画対象となり、近代的でおしゃれな大規模小売業や高級レストランが立地し、しかも職住密接が実現されて現役世代に魅力的な地区に模様替えした。また、市営の『Delmenhorst 産業遺産博物館』では旧工場建物の中に機械設備から調度品まで殆ど当時のままに保存され、来館者は決して多くはないのに Wolfenbüttel の図書館と同様に館員の説明や案内が行き届いている。更に、同敷地内の『市立歴史博物館』では工業都市として発展した歴史を回顧できる。食品加工・海洋技術・自動車部品・航空機産業等の工業都市と今日もなお位置づけられるが、第二次産業（製造業）従事者は 1980 年代以降の四半世紀で半減した。

　この市を南北に分断している鉄道は高架なので往来に殆ど不自由はないが、線路南の風景と町の成り立ちは北と全く違う。肌色の外壁にオレンジ色のとんがり屋根を持つ市役所を中心に、北ドイツ流赤レンガ造りではなく白を基調とした明るいトーンの地場商店街が駅方面に伸びる。南北対照的で、「鉄道高架になれば南北が同体で同等になる」という日本でよく耳にする主張が、この市を見る限りはどうも的外れで、歴史の積み重ねでそれぞれの街区が形作られるのではあるまいかと思わせる。

　移民がドイツ工業都市の刻印の一つである点ではこの市も例外ではない。2016 年末の統計で 10，9 ％。トルコに次いで東ヨーロッパからの人たちが多い。第三次産業（サービス等）従事者が 80 ％に達した今日も、この地で世代交代し、更に難民流入を受けて移民の割合が減る気配はない。しかし幸い、移民排斥の主張は極右にとどまっている。良く働く外国人労働者なくしてドイツ経済と市民生活が成り立たない実態は、私の場合、2015 年秋から 2 年間のドイツ生活の中で身を以て感じた。

　尊敬すべきは、この（日本人感覚で呼ぶならば）地方小都市が Bremen 州、Niedersachsen 州と合同で「Hanse Wissenschaftskolleg（ハンザ学術院）」を 1995 年に設立。Bremem 大学が世界に誇る海洋学を始め、気象・エネルギーなど人類の喫緊な課題について、大学等研究機関と行政とがクラスターを編成し地球（地「域」ではなく）規模の研究を進めている。このように学術研究の拠点になることも町づくりの夢、大いなる目標の一つではないだろうか。

„Deutsches Grenzland in Not"

Karte des „Deutschen Reichs" und „Deutschösterreichs" des „Volksbundes für das Deutschtum im Ausland",
Berlin, um 1936

第二次世界大戦後およそ２０年間、ドイツ地理学は空白の時代を送ったが、『Delmenhorst 市立歴史博物館』所蔵のこの古地図にその証左を見る思いがする。

1936 年当時のこの【ドイツ帝国、ドイツオーストリア及びドイツ主義（国外）人民同盟地図】は【非常困窮時のドイツ国境地域】と題されている。何とも自分勝手な国境の線引きではありませんか。実際、膨張に膨張を重ねたのですが、ドイツのシンボル『鷲』の右の羽が広すぎ極度のアンバランス。また脚が太すぎて脚に見えない。欲張りはいけませんな。しかし悲しいことに、政治地理学(当時のドイツ Geopolitik)は「ドイツは東方と比べ極めて人口密度が高い。その矛盾解消のために、ドイツ国民は東方に進出し人口バランスを適正にする必然性があり、ドイツにはその権利がある」と、ナチスドイツの他国侵略に学問的論拠を与えその膨張主義を後押しした。敗戦後、1960 年代までドイツ地理学は休眠状態に陥ったが、悲劇に与した戦時、そして戦後の余りにも長い学問的空白であった。

うんちく・がんちく　その４９

手書きに思う

ドイツ人女性が書く字は、大概丸い、まん丸い。とても可愛らしい。大柄な女学生たちが漫画字を書く。似つかわしくなくて何とも可笑しい。

そもそもドイツ人の Handschrift は、皆さんご経験おありのように何とも判読し難いことが屡々あり、自前ボキャブラリーから想像を余儀なくされる。ドイツ語の知識を試されているような気がして落ち込むことも稀ではなく。わたしの場合、Hamburg 州政府の方の仰った地名が聞き取れず「すみません、この手帳にメモして下さい」とお願いしたのに今度は読めない。再度 訊き直す羽目に。お手本を何度もなぞって漢字平仮名を習うお習字の時間はアルファベット圏にも必要だと言いたいところなれど、ひょっとして、お手本自体があの字体なのかもね（？）とにかくドイツ人同士でも読めないことがあるそうでして、大切な公的書類の用紙などには必ず【印刷の字体で書いてください】と、注意書きあり。

15,「ここは Dorf！」と胸を張る。古城の村　　Sögel

　Information（I）（村の総合案内所）の若い女性の一言に感激した。わたしの「ここは町ですか、村ですか？」の問い掛けに、案内所館内に響き渡る声で即座に「Dorf、村！！」との答えが。右ページの写真の様に豪壮な出城があり、しかも人口が７千人以上あるので、ご当地の方はきっと「町！」と強調したいに違いないと予想していたのだけれど見事に外れ、爽やかな気持ちになった。

　ドイツ北西部でオランダと国境を接している Emsland 郡は、大型合併によって郡面積は州随一、全ドイツでも２番目の広さ。６０もの単位自治体、３１万人余の人口は増加傾向にある。その中にあって Sögel 村は８村（人口約１万５千人）から成る連携自治体（SG. Sögel）の役場所在地で、人口はその半分を占める。村落に付き物の牛舎からの匂いなどはなく、中心部は人出も多く賑わっている。しかし、都会と違い集合住宅は見かけず、きちっとした造りで明るい色調の戸建て住宅が主流だ。元来、辺り一面自然が広がり緑豊かな Moor（沼地）だった Sögel は、二次的（人工的）自然を拡大しながら旧来の住居地域を超え発展して来た。国全体の人口動態は減少化、高齢化、多国籍化が今や顕著。しかし住み良く保養地としても魅力的なこの地域だからこそ、この一見ネガティブな人口動態を示す現代社会においても発展のチャンスがあると自治体は考えている。実際、少数ながらも流入人口が上回り、オランダからの移入が多いのがこの郡の多国籍化の特色。「すぐ隣だから当然よ」と僻み半分に片付ける向きもありましょうが、言語が違うのだから移入し住むのはそう簡単なことではないでしょう。選ばれる理由があるはず。冒頭で紹介した女性の快活さに、選ばれる地域に相応しい明るいメンタリティを見た気がする。

　職業生活と家庭が、人間生きていく上で土台となるファクターであるのは間違いないけれど、健康で明るい人生に『生き甲斐』は欠かせない。そして生き甲斐（づくり）に欠かせないのが文化、スポーツでしょう。それに人間は社会的動物だから各種の団体、協会などが自ずと結成される。それにしても約１万５千人に過ぎない SG. Sögel に、なんと８０以上の文化、スポーツ、交流促進などの協会があるので「全員がいずれかの会員なんじゃないの」と思えて来る。中には『Judo Samurai 』と称す「江戸時代の侍が講道館で柔道を習ったの？？」と日本人の眼からは一言突っ込みを入れたくなる柔道教室まで登録されているほど、百花繚乱。

　ところで、日本などに後れを取っている超高速鉄道開発のため、Sögel の西約15km 付近をリニア鉄道テスト車両が南北に滑走している。何もかも電気系統故障のせいにしてお気楽な遅延常習犯の ICE 特急にサヨナラする日がいつか来るだろうと期待して待つことにいたしましょう。日本の技術がお手伝いしまっせ！

Schloss Clemenswerth　２景
左上写真は正面　右上写真では同建物が中央に位置し８本の放射状歩道の先に８棟が静止衛星の佇まいを見せる。領邦君主の狩猟と遊興のための出城だったが、実に豪気かつ優雅。はて、庶民の生活はどうだったのか？と余計な心配をしてしまう程。

古城の敷地内に写真右のシックな赤レンガ色の建物がある。ここは職業訓練校。ご覧のようにモダンで、ドイツらしく清楚。元々は牛舎なのに、内外装をリフレッシュすればこうして現代に立派に通用するのは建物の素性の良さで、日本でも京町家などに好例が見られる。正面玄関で女学生が勉強中。
なお、上段の城は 1749 年に完成。1988 年のリストアコンクールで Europa Nostra-Medaille 賞に輝いた。建物ばかりか、外壁を飾る彫刻までも眩しい。

うんちく・がんちく　その５０

動詞から en を外して名詞に。性は如何？

Fall などのように、名詞だけど意味合いは「動詞（落ちる）＋こと」というときには、en を語尾に付けてみる。「そのまま動詞になるわ」という時は男性名詞。裏返せば、動詞によっては語尾（en）を取り払うだけで名詞になる。便利なことにそれは必ず男性名詞！しかも、馴染の動詞に多い特徴がある。例えばホテルのフロントは der Empfang 。受付でお客様を empfangen する。一つ注意！　動詞中の母音はウムラっているのに名詞ではウムラウトが取れている時は男性と限らず、wählen が変身し die Wahl のように女装の麗人もおり。

16,『ハム博物館』と自ら銘打つ伝統的燻製製造所　　**Apen**

　Ammerland 郡は６自治体、約 103,000 人から成る比較的小さな郡だ。Bremen とオランダ国境との中間にあり、干満の差が大きい北海の影響を川の水位が受けるほど Jade 湾まで近く、僅か 10 km ほど、

　Moor（沼地）が広がり自然豊かなこの地域は保養地・住宅地として魅力的で、しかも Bremen など都市部への通勤が容易なので Oldenburg 等からの流入が多く、郡、Apen 共に人口が増加している。将来は工業地帯として開発できると上級官庁は目論んでいるようだが、自然との調和、自然の復元は忘れて欲しくないものだ。

　Apen は人口 11,000 人余り、郡内では最も小さな町だ。機械・金属工業が伝統的とのことだが大工場はなく、むしろ多彩な手工業がこの町の特色。

　Apen 中心地の鉄道駅は廃止されたが、どういう訳か隣町の小駅は存命中。その駅カフェでバスを待つ。運転手さんは外国人学生（わたしのこと）が下車する時にバス停から目的地の博物館までの略図を描いて下さった。また復路の女性運転手さんは始発停留所で待っていたわたしを「先に他の路線を往復運航するけど、雨降りだし寒いから乗車しなさいな」と導き入れ、わたしを乗せたまま小学校に。子供たちを乗せて再び元の始発停留所に帰ってから定刻通り私の目的地に向かった。日本的な温かさ、あるいは現代日本では失われたかもしれない心根が、ここドイツの現場労働者には残っていると再認識した。

　さて、目指すハム博物館。表札は正面玄関ガラスに貼られた小さなレッテル。「ここが本当にそうなの？」と首を傾げてしまう。呼び鈴を押すとしばらくして家人が現れる。Arndt Müller さん。ハム博物館兼製造所９代目当主だ。　創業は 1748 年、代々 Meyer 家の所有、経営だ（婚姻の関係で現在名字が替わったが血筋）。写真の事務棟と製造所（即ち博物館）は「自然の通気」をコンセプトに１９世紀に設計・建築され、現在も昔同様に稼働している正真正銘の動態保存。「現存の、この製造所こそがハムづくりの歴史と伝統を語る語り部、Museum なのだ」という固い信念が、ご当主による製造工程ガイドや単独インタビューさせていただいたときの語り口からひしひしと伝わってくる。

　燻煙室に入る。生ハムが製品になるまで最低１年半、こだわりの逸品は４年。昔ながらの伝統的方法で燻す。果たしてこれで経営が成り立つのだろうか。しかも副産物も直売コーナーもない。博物館入館料は一人６ユーロでご当主自らのガイドが付く。ご当主に頼めば分けてもらえるのだが、この手作り生ハムが決して高価でないのにまた驚く。販売ルートが代々引き継がれ、売り上げが安定しているのだろう。

　ご当主は博識な方でアンテナが高い。インタビューでは、地域文化の継承や故郷

づくりのための町村間の連携など行政課題にまで話が広がった。そんなインタビューの中で、「小さな村・町の大きなまとめ役を担っている女性がWildeshausen（隣の郡内）の役所に居ますよ」とBさんを指名推薦されたときに、Müllerさんの地道な伝統ネットワークづくりは行動的で本物だと確信した。「博物館は小さな故郷を守り育てる要と思いますし、特に当館の全館動態保存コンセプトは眼から鱗でした」と申し上げたところ大変喜んで下さった。「伝統産業の職人文化を継承し経営を続ける、それ自体が博物館なのだ」という哲学級信念。日本でも全国各地の地場産業の中に可能性がありそう。自発的に「〇〇博物館」と命名出来ないものだろうか。

ハム博物館全景
左棟1階は案内、説明コーナー
同棟2、3階は事務室、住居。
右棟はハム工房。燻煙を抜くために、一部の屋根は簾仕様。
「自然の通気が必要なので」と9代目の主は平然としているが日本では考えられない。降雨量日本の1/3のドイツならでは

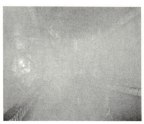

亡霊のような写真で恐縮でありますが、19世紀に築造され受け継がれてきたこの室で枝肉は4年の時を刻む。百数十年間、歴代の当主が変わらぬ製法で生ハムを作ってきた。電子機器はおろか機械設備さえあろうはずはない。

ハム博物館謹製4年物生ハム
9代目当主の手で本日の見学者十数名に振る舞われる。一切れ切っただけで芳香が立ち込め、しかもシャキッとした食感。
「そのために4年間必要」と力説されるご当主。
商売よりも職人文化　ドイツで日本で細々ながらも残る伝統

うんちく・がんちく　その51

学術専門用語は女性名詞が圧勝

ドイツ語の性には男女中性と3種あるが面白い現象を発見。地理学徒2年間、地理学独日用語集作成に向けせっせと3千以上の単語拾いをした結果、遂に発見。そこでは女性名詞が圧勝…tionなどの女性名詞語尾を持つラテン語産が多いのが原因。ということは、学術用語では地理学分野に限らず女性名詞が多いのでは？　明治開国以降、急速な近代化を成し遂げるためには必然的に先進諸外国から社会制度・学問・技術を直輸入せざるを得なかった日本。今もなお学術・専門用語は大半が外来語とその翻訳で埋め尽くされているのは無理からず。その日本人がドイツ学術用語における外来語の多さを揶揄出来よう筈はなく。

17，自治体マーケティング、女性に任しょー！　Wildeshausen

　古より Bremen と関係が深い、Oldenburg 郡１３万人の郡都にして唯一の Stadt（市）であり、現在約２万の人口は郡全体と歩調を合わせ少しずつ増加している。

　Autobahn １号線に隣接しながら "Staatlich anerkannter Luftkurort"【きれいな空気の保養地】に認定されているように、市街地の周囲は Naturpark（Wildeshauser Geest* an der Hunte）。８月は Heide* が紫に染まる。その自然の中を走る軽便鉄道（2018 年現在蒸気機関車は修理中でディーゼル運行）がこの自然公園の売り。

　しかし、市が最も力を入れたい Stadtmarketing の対象はツーリズム振興ではない。『市民の間に共同体意識が高まること、新規住民の獲得 』が大目標だ。それには他市と比較され選ばれるポジションにあることが不可欠だと、Wildeshausen ならではの強み（古代の遺跡・歴史・自然公園・市民性・伝統的同業者組合）を前面に押し出し、他市町との差別化を図る。一般的に、自然や地理的条件は幾つかの Gemeinde に跨り共通で、北ドイツの広大な平野にあっては尚更だろう。また、経済・政治の側面では、グローバリズムが跋扈する今日、状況が一気に変わる心配もある。独自性堅守のために何より確かなのは歴史と伝統であるし、培われてきた市民性だ。Marketing のために市が抽出した上記の各特長には説得力がある。そして、これらの特長をアピールするために、旗、写真カレンダー等従来の方法に留まらず、スマホなど最新の IT 活用は勿論のこと、『ちょっと楽しい土産物』などのアイデア商品を開発する。そんな企画の中心に Frau Baron（市の女性職員）がいる。

　ハード面では、再開発を視野に入れている２地区で市のコンセプトを如何に活かして行くのか興味深い。また、住みたくなるには市域の美しさも大切。その一助にシンボルカラーを選定しようというアイデアも楽しい。その反面で「市の外観や見た目は経済界には重要でない」と割り切る。日本流の「商店街の活性化のために公共予算でカラー舗装整備する」という発想はない。（石畳だから無理とな？？）

　ところで、この市で見逃せない先進性が、電力の大部分をバイオマス、太陽光、風力、水力など新エネルギーで賄っていることだ。農村部にはバイオ資源が豊富。また、広々として日光が良く当たる。しかも、ここは北海付近で西の風が強い。急流河川は望むべくもない平野だが、流量があることを幸いに低段差でも小規模水力発電が出来る。水力発電所が２か所あるのに驚かされる。柔軟に発想出来れば今あるものを活かせる。それはなにもエネルギーに限ったことではない。ドイツでも日本でも「田舎だから何もない」ことはないのだ。（「そだね。」と北見の Fräulein）

*Geest: 北海沿岸の乾燥した砂地　*Heide: 低木が散在する荒野で夏はエリカで覆われる。

Alexanderkirche 市のシンボル的教会は木立の緑に囲まれ。右は旧市役所。観光案内所が入居。今日は伝統衣装で行進する祭りの日で飛び入り歓迎。「わたしも混ぜて」と申し出。「お気の毒ですが、希望者が少なく中止になりました」。残念。

郡都 Wildeshausen 中央広場。年に一度郡内の全小学生が大合唱する集い。誰もステージに上がらず、コンクールのように競うこともなく、ただひたすら皆一緒に元気に歌う。しかし5年生から別々の学校（大学進学組の Gymnasium と、就職コース）に振り分けられる。徒弟制度の名残と思える若年職業教育制度が現代にも生きているのは、この国を支えているのが高学歴層ではなく、職人、現業職、移民であると連邦・州政府が認識しているからなのかもしれない。

うんちく・がんちく　その５２

an der Universität

Dozent an der Universität,　　an der Universität studieren,
大学本来の学問研究勉学について、その場所を表す前置詞がこんな風に an に任せられるのは、昔は大学の脇(an)で講義がされた等の歴史を今に伝えるがごとき深遠な理由があるのでしょうか。総合大学だけでなく専門大学、あるいは、それらの総称 Hochschule についても同じ表現で an der Hochschule。大辞典の解説によれば、教職員などの持続的な活動の場として「勤務している」時、また学生が学問をする場合も an で表すルール、習慣だとのこと。学生の場合にはかつて auf（上で）が用いられたとのことで、その方が物理的に合点し易い。でも学生も職業の一種という考え方からは、教授と同等に an というのも納得。しっかり研究しなくては！　しかし何故か「大学に通う」は auf die Universität gehen。　かの名高い TU München 醸造学科は Weihenstephan の丘の上にあるし　納得できる auf ではある。ところで「大学で飲み、食べ、遊ぶ」ときは in, an？高尚な辞書の編著者には思いもつかず載っていない。一説によれば、大学では in der Mensa 以外飲食禁止だろうと。話は替わり、古代ギリシャでは柱だけで壁がない auf dem 広場で講義が行われたし、市場も同様に auf。auf der Post？郵便馬車が広場に駐車し手紙を配った。(auf dem Land に住むわたし)

18, ハンザ都市、商都は今や学術研究拠点　Bremen

　Bremen 州は Bremen 市と Bremerhaven 市との二市体制という独特な構成の都市州（人口６８万人）だ。そして、州都 Bremen と言えば童話『ブレーメンの音楽隊』。旧市街中央、旧市役所玄関脇に鎮座する音楽隊の銅像は、撫でてあげると縁起が良いそうで馬の脚はピカピカ。世界的に有名な „Ratskeller"はこの地下にある。格式あるレストランなのに『市役所食堂』と言う名に恥じず、気安く入れるのが嬉しい。すぐ脇にはハンザ都市の気概を今に伝えるローラント像が仁王立ちし教会を睨んでいる。並んで立っている大道芸人はハシビロコウのように微動だにしない。双方人気で撮影スポット。辺り一帯には、有名ブランド店というよりもドイツのいいものを扱う専門店が軒を連ねる。

　反面、中央駅の北には瀟洒な住宅が軒を連ねる。双方とも戦災に会ったことを感じさせない伝統的で落ち着いた町並で、散策にうってつけ。市電で郊外に向かうにつれ建物が新しくなって行くが、どこまで行っても個人商店や小型スーパーが集合住宅の一階で商っている。日々の買い物に歩いて行ける下町は交通弱者にとって何よりだ。市電乗降調査時に買い物袋を提げた乗客が皆無だったのにも納得がいく。

　市電・バスは車椅子での乗降が楽で、誰もが不自由を感じず外出している。自転車が乗せられるし乗り継ぎも至便。カーシェアリングは発展途上だが、多様で相互に関連し合う交通網が日本の同規模の都市と比べ一日の長があるのは間違いない。ところが！DB（旧国鉄）Bremen 中央駅ホーム。停車して初めてその列車のドア位置が判明する仕掛け。シニアが、車椅子が、団子になって右往左往する（賃上げストが年中行事、腕に自信の機関士さんなのに。。。）そればかりか車両連結・ホームの変更から運行中止までも突如直前に為される。「５分以内の遅延は定時運行」と全てがアバウト。それでも乗客は怒ることもなく「いつものこと」と。（こちらこそいつものことで話が逸れ、済みません）。Bremen の魅力に戻ることに。

　Bremen 市は海抜 11m。氷河に削られ、只々低く平らな湿地系土壌。小麦栽培には不適で、Ｂ大のすぐ東には湿地系の自然保護地域が広がりシカやウサギが住み着いているし、ブナやシラカバなどの高木も随所に見かける。広々とした牧場では牛、羊、女性に人気の馬が草を食んでいる。乗馬には興味がないわたし、知人に「ドイツ人は日本人と違い馬肉は食べませんよねえ」と同意を求めたところ「そんなことはない」そうでして（馬刺しは見かけませんが）。霜降り牛肉は好まれないようでお店にない。日本と違いビールを飲ませたりしないからだろう。フィレ肉らしい味、しかも安く、中国人留学生に「牛乳は中国より安い」と感心される程で、農家も牛も気の毒だ。豚肉は日本の半値以下で美味しさは流石豚肉料理中心の国。

184

町の雰囲気に多くの外国人が自然に溶け込んでいるBremen。それもそのはずで、戦後復興を支えた移民は第３世代になり今や広い分野でこの国を支えている。
　Bremenは水運を活かしたハンザ同盟都市であると共にWeser川岸辺地帯は工業地域だったが、現在は広大な面積を再開発中だ。写真は富裕層好みのショッピングモールで、隣地に廃棄物処理場が立地しているのが不思議な取り合わせ。しかし異臭は全く漂っていない。中心的工場の表札を見ると、金属系リサイクル工場。ここで何故か連想してしまったのが雇用１万人を誇るベンツ工場で、Bremen市の東外れにある。「煙を出す工場は市域の東側でないと立地が認められないのは何故かって？　西風が強い土地ですから」とは当局サイドの説明。お気の毒な東隣。
　Weser川の市街地対岸の一角を占めているのはBeck´sビール工場だ。苦味の比較的強いHelles（明るい色）で、ドイツでは珍しい缶ビールも製造している。
　自家醸造ビール酒場はBremenにも一軒あり、„Schüttinger" で醸造窯を見下ろしながら丸い舌触りのBierが飲める。気さくなBiermeisterとビール談義しながら飲む至福のひと時よ！
本題に戻ろう。Bremen州には４大学あり、学生が３万２千人程。更にB大キャンパス隣地等、７００以上と言われる公的私的研究機関が市内に立地。霧の中に聳えるヨーロッパ随一の真空無重力実験塔がB大のシンボルで、世界をリードする海洋・宇宙を始め、各分野の研究者技術者が世界中から集まる。例えば、地質学のＺ教授研究室近隣はドイツ語が通じない英語圏。この国ではどの大学でも同様の環境なのだろう。それにしても驚かされるのは、僅か６８万人の州で４州立大学を経営していることだ（注：他に１私立大学）。その内、B大は教授他教官研究者（Lehrkraft）だけでも二千数百名。しかも２万人の学生の授業料は、凡そ１００ｋｍ圏内公共交通機関無料パス付で年間５８０ユーロ。ドイツが大学教育に如何に力を入れているかを実感する。キャンパスは多民族多国籍。アジアからは中国人院生が目立つが皆朗らかで頭脳明晰アニメ、Ｊポップ等を通じて日本に親近感を持ってくれていて嬉しい傍ら、日本人留学生に一度も出会わなかった地理学徒二年間。

豪奢・広大な新モール〜Waterfront

伝統あるSchnoor商店街路地裏。すれ違いさえ儘ならないのが魅力

19, Samtgemeinde という選択　SG. Geestequelle (Oerel 他)

　日本は、中央集権メリットである『金縛り』を活用した政府主導の合併大推進の結果、2010 年には 1727 自治体と１０年間の内に半減した。

　今回巡った Niedersachsen 州は人口約 796 万人。小規模 Gemeinde（注：単位自治体。日本の市町村に当たる。以下 G.と略す）が多く９４４もあるので、１G.平均 8000 人だ。その大半を占める６８４ G.が１１６の Samtgemeinde（SG. 連携自治体）を組織している。平均すると６G.が１SG.を構成している勘定だ。

　いくつかの小自治体が一緒に行う方が効率的な仕事などを、それぞれの判断で任意に SG.に委託するこの方式は、日本の一部事務組合に形の上では似ているが、SG.自身も一つの自治体と位置付けられ、公選の首長と議会が置かれている点が異なる。SG.は郡とは違い G.の上級官庁ではなく、加盟単位自治体（G.）の自発的で水平な集合体であるとは言え、重要な行政実務のかなりの割合をこなしている。

　『SG.があれば Landkreis(郡)は不要』という訳ではない。Niedersachsen 州には、州と各 G.（SG.を含め）との間に、郡と Kreisfreie-Stadt（郡と対等な市）等が４９体あってその権限も幅広く、規模は小さいが立ち位置は日本の県や政令市に近い。

　なお、SG.と同様の小自治体連携組織は、例えば Schleswig-Holstein 州では Amt と名乗るなど名称は様々なので、木佐茂男北大教授はこれらを総称し『連合ゲマインデ』と翻訳している。（参照：『豊かさを呼ぶ地方自治』日本評論社）

　それにしてもドイツの行政制度のピラミッドは複雑だ。即ち、EU、連邦、州、Bezirke（行政機能は特になく、〇〇地方と言ったほどの）、郡（または Kreisfreie-Stadt 等）、SG.、そして G.。日本人感覚では、州は日本の都道府県だと思いがち。しかし、州は国である。国が１６集まって連邦を構成している。それぞれに外務大臣までいる位だ。重要な広域行政は州が執行。自治行政は郡が幅広く担っているので、単位自治体の G.に残る仕事はかなり絞られている。G.の法的義務は、住民登録、ごみ処理、消防、託児所・幼稚園　道路清掃など。他は自由裁量で、文化・スポーツ、経済面では市場・企業立地、困窮・老人援助などだ。そのため財政支出、職員が少なくて済むのだが、数百人の村にも名前と自治権があり首長・議会も置かれている。そこに誇りが生れるのではないかと私は思う。『自治の理想のためには現状の規模でさえも最適ではなく、各 G.が大き過ぎる』との見方がドイツなのだ。　「そうは言っても、そんな屋上屋のような構造で行政が上手く回るの？それぞれの自治体が小さ過ぎるし、経費が余分にかかるんじゃない？」とのご心配も尤もでして、日本で参考にしたい、すべき、あるいは出来ることがあるのか、先ずはその実態を見分しなくては。「小村の独立独歩を推進する強力な後ろ盾は何だろう。制度に守ら

れているだけではなくて、拠り所がきっとあるはずだ。それは多分、歴史が育んだ地域の個性と住民の一体感。表現は悪いが、お隣さんとの違和感、軋轢が時には一役買うんじゃないか」などと勝手に思い描きながらも先入観は一先ず置いて、いざ見分に。日本政府も「これからは、合併するよりも自治体間の連携で行こう」と言い始めた、そんなご時世に希望を捨てずに。

【訪問地と首長インタビュー自治体 ～ 抽出選定の方法と過程は？】

　2004年州政府発行本（巻末の参考図書参照）から基礎知識を仕込みながらピックアップもしましたが、何せ『書を捨てて街に出よ』が座右の銘。車窓風景や学友の推薦など目と耳に重きを置いて訪問先を選び訪れました。その村（町）らしさを感じられる場で、そこに住む人達に話し掛けたざっくばらんな会話と歩いて得た印象を大切に「北ドイツの村町の様子はこんなですよ」と書き止めご紹介してきました。

　ところで皆さん。公式な文書質問には当たり障りのない優等生的な回答が返るのが世の常。また『上級官庁ではなく、日常実務に携わっている役場で角突き合わせ初めて実体を知り本音が聞ける』という公務員的経験値が Geestequelle での首長インタビューにわたしを向かわせましたが、幸いなことに首長さんと二人だけで、小自治体現場責任者の本音と故郷づくりへの心の籠ったお話をしていただけました。

　ですから首長と活発に交わされた会話そのもので lebendig（活気ある）ですが、行政学的な報告とは違い、紀行として必要な記事以上の制度や財政等の詳細には至らない点、ご容赦を。（注: 前ページ記載の木佐茂男先生の著作などお薦めします）

　さて、大事なことが最後になりましたが、そもそも何故この SG. Geestequelle　を選んでインタビューし詳述することに決めたかと言いますと、

・『北ドイツの村や町は南に負けず美しいけれど決して観光目的ではなく、そこに住む人達のための地域づくりがされている』と、かねがね感じていた。

・Niedersachsen 州の SG. 制度ならば、単位自治体である各小村の自主性が失われず活かされるだろうし、効率的な行政が可能と思えるが、実際を知りたい。

・SG. Geestequelle は 6400 人余りで Niedersachsen 州内最小。SG. を作った契機や実情、将来展望から『自治体は小さいほど良い』と言えるものか検証したい。

・この村を既に二度訪れていたが、その時の印象が明るかった。と言うのは、
　① 　見知らぬわたしに住民があいさつで温かく迎える。（全体的に廃れて来たように感じる中で）②話しかけた人たち全員が「この村を好き」と答えた。③千年の教会を地道に保全する傍ら、シニア住宅や世代間交流施設などの新規建設が進んでいる。④流入人口（特に若い世代と子供たち）が増え幼稚園が益々大賑わい。

そんな経緯で Geestequelle に白羽の矢。首長さんに快諾して頂いて臨んだインタビューを、それではこれからライブ仕立てでお伝えいたします。

Interview mit dem Bürgermeister der SG. Geestequelle

　2016 年 9 月 20 日　役場前のベンチで資料を広げ面談の準備をしているわたしに自転車を降りて Guten Tag（この地方の Goden Dag だったかも）と話しかけたのは、いかにも北ドイツ人らしい長身の男性。お若いが、首長の Stephan Meyer さんだった。「どうぞ、私の部屋へ」と案内され、予めお送りした質問書を手にした首長さんと早速スタートしたインタビュー。文書回答ではなく全てディスカッション形式で進められたので、首長さん自身の考えが随所に現れ充実した 2 時間だった。「必要ならば資料や追加質問、いつでも対応できますよ」と有難いお言葉もいただいて。さあ、インタビューの始まりです。

　　注: この項中での省略語:　BM: Bürgermeister 首長（Stephan Meyer さん）
　　　　　　　　　　　　W: わたし　　GQ:　SG. Geestequelle

W: 日本では、合併合併！の大合唱がやっと一段落したところです。しかし「自治体は小さいほど良い、故郷と呼ばれるに相応しいのではないか。個性ある魅力的な自治体としてあるべき姿、良き故郷を将来に存続していくための原動力は何なのだろう、住民と行政はどんな努力をしていくべきなのか？」と自問自答してきました。現在 Bremen 大学地理学科でドイツの自治体制度について学んでいますが、その中で出会った小自治体理想モデルの一つと思える SG. という連携自治体制度。その実際の運用がどんなものなのか、小自治体の個性を生かし住民に身近な行政が理想ですし、日本の現状ではまだハードルが高くても、将来のため大いに参考に出来るのではないでしょうか。

　　州の統計によると、貴 SG. は州内で一番小さな SG. なので、典型的な事例が学べるのではないかと考えた次第です。今回のインタビューで理解を深めたいと思いますのでよろしくお願いします。

　　ところで、SG を組織するには、全 G. の合計人口が最低 7000 人以上という基準があると承知していますが、貴 SG. は人口約 6400 人ですよね。

BM: 財政的な問題などがなければ設置が認められます。もし問題があれば上（州政府）から圧力がかかるでしょうが。ここ GQ でも設置の是非が議論になったことはありますけどね。ところで、うちは人口こそ最少ですが、面積は最小ではありませんよ。（「最小」と言ったのがまずかったか、と反省する W 氏であった）。

W: 単独では存続が困難な場合、SG. を組織するのではなくて他の G. と合併する道も各 G. にあるのではないでしょうか。

BM: Cuxhaven 郡では、この SG. よりも大きな G. が合併した例があります。

W:　数ある G. の中で、5 村がこの SG. を作ったのですが、どんな切掛けや理由が

あったのでしょう。歴史的な結びつきが強かったのでしょうか

BM:　Rotenburg 郡内5村が揃って自発的に SG. を作ろうという話になったのは、必ずしも歴史的な共通性が背景ではなく、また法律や上部団体からの指示でもありません。5村の地勢的な結び付きが強かったことが主な理由で、教会が共通していることも大きかったと思います。（流石にヨーロッパ！）

W:　日本人は信仰心が薄いので今のお答えは予期しませんでした。そもそも儀式以外にお寺に出かけることは年2，3回しかありませんし。

BM:　わたしも、年5回です。

W:　ある地理学者によると「故郷 Heimat とは人間の根」で、地域開発が進むに連れ heimatlos（故郷の喪失）が進み、広がる。人間が根無し草になっていくと。わたしも賛成できる見解です。

　　ところで、首長さんにとって『故郷 Heimat 』とは何ですか？

BM:　わたしにとって、『故郷 』とは意識もせず自明のことで、改まって訊かれると上手く表現できないんですが、大切な、生まれ育った温かい場所。「何がどこにあるか」などその地に精通し、居心地がいい（wohl fühlen）。そして心の中で「ここが故郷だ」と感じられる、そんな所ではないかと思います。

W:　SG. は住民と故郷にとって良い制度とお考えでしょうか？　わたしは『小規模 G.と SG.は、大きな G. や郡と比較して、行政と住民とが故郷づくりに心を一つにしやすい』と考えるのですが。（注：日本では既に失われた物理的で単純明快な発想。単細胞と侮るなかれ。ドイツでは主流で、この州でも実現されている）

BM:　「ここが故郷だ」という心情（Heimatgefühl）は、各自が自分自身で求め獲得して行くものなのだと考えます。その折に行政は住民一人一人にとっての故郷づくりをバックアップすることが出来ます。住民が絶対的に必要とする、あるいはベターライフのための要望に沿って当 SG. 内に各種の協会が住民によって組織されていますが、活動の場として行政（SG.　G.）提供のインフラが役立っています。GQ では生活支援、消防、スポーツ、オートスポーツなど各種協会があり活動していますが、その活動のための多世代交流会館、消防車・車庫、運動場などがそれに当たります。行政からの単なるインフラ提供に終わらず、それを手段に住民自身が共に住民福祉を創造し発展させるべきです。何が必要なのか、ベターなのかについて共通認識を得るために、あるいは建設手続きなどを考えると、自治体は小さい方がいい。住民から身近で決定し、しかも迅速です。心地よい生活を享受するための基礎条件（インフラ）を住民に提供するのが自治体の責務だと考えています。（注：ドイツには教会税があり、これを財源に、日本では一般的に行政が行う福祉関係や幼稚園なども一部引き受けている）

W: 上級官庁の郡と、G. の仕事を受託する SG. とでは仕事内容が異なると思いますが、郡と SG. が合同、あるいは分担しつつ共同で行う仕事もあるでしょうか。

BM: 確かに役割は違うけれど、学校の運営など分担し合う時もあります。なお、ここ GQ の学校では現在、郡がスクールバス運営を分担しています。なお、Gymnasium（大学一直線小中高一貫教育校という性格）は常に郡立ですが。

W: 　合併せずに SG. を選択したことで、各 G. にどんな利点がありましたか。

BM: 　5村は SG. を作っても独立した G.（自治体）ですから、独自の予算があり、首長・参与（議員）がいます。G. の権限と予算の範囲内で小さな村でも自分達のことを自分達で決められるのが大きな利点です。それに首長・参与は名誉職ですから、報酬は殆ど不要（首長 300 ユーロ程）です。（SG. 首長の Meyer さん。御自身の職業はあると仰せだが、競争選挙で当選し、それに首長としての仕事も沢山あるのに申し訳ないと感じたが、ご本人は至極当然のことと達観されている）。

W: 　Geestequelle は各 G. から各種の仕事を受託していますが、現在なお各 G. に残り執行している事務にはどんなものがありますでしょうか。

BM: 　墓地管理、幼稚園運営、福祉面では家計助成など今も各 G. が所掌していますが、それ以外には殆どないですね。住民登録事務もここでは SG. が行っていますし。ただし、各 G. それぞれの事情で委託事務を決めることが出来るので、5村からの受託事務が全て同じではありません。（「G. 単独では予算・職員体制などから困難、非効率な事務でも纏まれば可能な行政課題は SG に発注しよう。でも全部は渡しません。G. は独立自治体ですから」というスタンス。しかも SG. は常に G. と密接で上下関係というよりクラスターなので、各 G. 間で各種インフラを分担しやすい。日本のごみ処理等一部事務組合の発想と共通している）

W: 　郡は課税権がないようですが、予算調達をどのようにしているんでしょうか。

BM: 狩猟税が郡課税ですが少額に過ぎません。G.（単位自治体）の税収などの内から直接、あるいは SG.を経由して Kreisumlage（郡費用の各 G. 負担）を郡に納めます。この上納金額は、政治・政策的に政治家(Politiker)が決定します。現況 51%、率はかなり高いとは思いますが、当 SG. G.では支障になっていません。

W: 　上部団体からの補助金制度はあるのですか？日本では最大の税収である所得税・法人税は全て国が課税徴収し、予算が不足する自治体に対し交付金や補助金という形で補填する。ですから、国の意志に反することは出来ないのが現実で、自治とは名ばかりかも知れません。

BM: 　補助金・交付金という名ではなく Gewisseschlussel（割当制度）があります。各 G. がどんな事業をするとどれだけこの割当を得られるかについての規定はとても複雑ですが。また、今お聞きした日本の事情のような上部団体の圧力は当 SG.

でも少し感じることがあります。

W: 税の根幹である所得税は日本では全て国に入ります。ドイツでは連邦、州と並び G.にも所得税が入るということですが、G. 自身で課税徴収するのでしょうか。

BM: 所得税（Einkommensteuer）の課税徴収は州の仕事で、G. 自らはしません。州が徴収した所得税の一部が G.に還元されるシステムです。その率は法律で決まっている訳ではなく、州行政レベルで政治的政策的に決められます。そこでの率決定のプロセスを簡単に説明出来るといいのですが、とても複雑です。結果的に、ここの各 G.では現在１７％程だと思います。（注: 法人税 Körperschaftsteuer は連邦及び州の税収になる）

　　各 G. が独自に税率を決定し課税出来る税（裁量権）は固定資産税です。また営業税（Gewerbesteuer）は税務署（Finanzamt）からの報告を元に G.が課税し、税率も各 G. が決定出来ます。しかし、これらの税率が他地区の G.と比べ割高に思われては人と企業が来てくれないでしょう。自治体間競争の一要因ですね。

W: この SG. 内の産業や住民の仕事、日々の生活のことなどご紹介ください。

BM: メインになる基幹産業や広域企業の本社などはありません。建設業、家具製造、農作機械、パン屋、自動車販売など中小どころです。歴史的には農業で、25年ほど前まではとてもたくさんの小農家がありました。当時は 15 頭の牛を飼育すれば生活出来たのですが、今や１００頭飼育しないとやっていけない。この地域では、一農家が離農すると他の農家が跡地・施設などを受け継ぐ形で、段々に経営規模が大きくなり現在に至っています。

　　GQ は Hamburg と Bremen との中間に位置しどちらにも近い上に、エアバスなどの工場がある産業都市 Stade までも 30km なので、地場産業に従事する人達以外はそちら方面に車で通勤しています。他にもチーズ製造、ゴム製品の会社などが近くにありますし。Hamburg に入るには Elbe 川トンネル（注: エレベーターで上り下りする歴史的川底トンネル）で順番を待つのに時間がかかりますが。住民は付近（G. 内、SG. 内、または隣町）で買い物、病院など全て賄えます。もっとも、昔は徒歩圏内のご近所で用を済ませられましたが。

（補注：バス停で、これから診察に向かうという妊婦さんと話した時も同じ答えで、車でなら１０分以内にスーパーから病院まで何でも揃っているとのこと。役場のあるこの Oerel 村には、おばさんがやっている食品・日用雑貨品店【Tante Ema Laden】が一軒ある。レストランも一軒あり、広々として綺麗で美味しく親切）

W: 小村に共通する特色として匿名性（Anonymität）の無さが挙げられますね。

BM: 確かに匿名性はないと言っていいでしょうね。匿名性を求めることもあるのが人間かもしれませんが、ここの住民はそれが問題だと思っていないでしょうね。

（補注：肌身に感じた親身で密な人間関係。例えば、営業時間外なのに特別に昼食を提供して頂けたレストラン。そして、その女将さんが役場の職員数を正確に知っているほど身近な関係の住民と役場。職員数１８人と少数ではありますが）

W:　新しく瀟洒な小住宅を役場周囲に多く見かけます。また、若い世代に選ばれ流入人口が多いと伺いましたが、彼らから高評価を得る要因は何でしょう。また、住民の満足度について首長さんはどう感じておられますか？

BM:　この SG. 内だけでなく、通勤圏内に大小多くの企業や大学などがあり、職業生活に支障がありません。若い妻たちは子供が出来ると一旦勤めを止めるので住居費が高い大都市は敬遠するし、それに都会の喧騒の中で子育てしたくない若い夫婦には静かで自然が広がる地域が選ばれます。また、ここの幼稚園は長時間開いているのでお母さんが勤めに出ても大丈夫。園児は年々増えています。小学生は徒歩、Gymnasium など上級学校にはバスや自転車で通学しています。（都市部でも状況はほとんど変わらない。違いは市電の有無だけ）

また、新しい住宅は借家ではなく、若い世代が土地を購入し自宅を建築したものです。土地は小さくても 600 ㎡、大抵 1000 ㎡です。新築ですと土地・建築計 20 万から 30 万ユーロ掛かりますが、家人が亡くなるとか、引越しされた空き家ならば５万ユーロ程で取得できます。

　私は、住民の大部分がここでの生活に満足していると実感しています。少子化の今日なのに流入人口が増え、二十年来子供の数が増えていますね。しかし、彼らは 20 歳前後で外に出ます。職業教育や大学などへの進学のためです。そして家庭を持つと再度、どこに住もうかと考える。そして帰って来る。大都市や研究機関、産業地域も間近なので通勤や職業選択上の制約、子供の教育・学校の心配もありません。しかもストレスを感じず安心して静かに住める所ですから。

W:　お祭りが住民の連帯意識やアイデンティティ、地域の伝統づくりに果たす役割は大きいと考えるのですが、Geestequelle にはどんな祭りがありますか？

BM:　教会、協会が主催するお祭りは各種沢山あります。この SG. 内でも各村によって色々ですが、ワイン祭り、収穫祭、消防団祭り、謝肉祭などです。

W:　「『合併で大きな自治体になろう』との志向はない」と言っていいでしょうか。

BM　ありません！　大きな自治体の住民には、全てが上から降りてくる。私たちは私たち住民の自立した意志で自分達の村、G、SG. を運営して行くのです。

瀟洒な SG 役場兼 Oerel 村役場は、北ドイツらしいレンガ色。公共施設にレンガ造りの伝統を活かしている。屋内は白基調のモダンな造り。SG 各村からの職員（一人ずつ）がこの建物内で各村固有の事務を執っているのは合理的で、村同士の交流・連携も促されるのではなかろうか。

Oerel 村メインストリート　村 G が建設管理。SG 内の村々を繋ぐ道路は SG が、SG を越える郡道は郡が所掌。小さな村の予算に道路が占める割合は高くなるものの、各村に残っている仕事は少ないので予算的な逼迫はない。各村が SG に委任する事務は任意で広範囲。

幼稚園。単位自治体（G.）の Oerel 村経営で人件費は SG が負担。現在 120 人ほどの園児だが、漸増している。行政は Bremen や Hamburg との近接性と静環境とを活かし若い世代の流入に力を入れ、同時にシニア施設や世代間交流会館を拡充している。5 村合わせても計 6,400 人の州内最小 SG なのに 5 村夫々名前があり自治権がある。「大きくなって、名前も自治権も失うなんて寂しいじゃありませんか」と。

「どの村にもある教会よね」と見過ごすには惜しい Oerel の象徴、千年の伝統を誇るこの教会。秋の、ある日曜日再訪。厳かながらもアットホームな法事が営まれていたが、裏に回ると、檀家の男性 2 人が教会建物の補修作業に汗を流していた。
都会のドイツ人ホワイトカラー達を勤勉だとは最早認め難い昨今だが、村人たちには、共助の心と良く働く伝統が今も生きている。教会を取り巻く幼稚園、シニアハウス、世代交流会館、SG 兼 G 役場、そして【Tante Ema Laden　（村の百貨店）】

20，ざっとおさらい。 ドイツの自然と昨今の世相

気象：春秋は短く夏は乾いた暑さ。アルプス前地の南ドイツは降雪が多く、北は暖流
　　の影響で緯度の割に暖かい　降水量は日本の半分以下で動植物とも種類は少ない。

地理：国土面積は日独殆ど同じだが　南の国境付近の山岳地帯以外は平坦地が殆ど

歴史：バイエルン王国、プロイセンなどかつての群雄割拠の名残が色濃く残る。

EU、連邦、州制度： 州は国。それぞれに憲法・法律を持つ。連邦の仕事は限られてお
　　り、所得税さえ一部しか入らない。また、連邦の施策は今日 EU 抜きには語れない。

自治体制度： 郡（郡同格市を含み）が中心だが、どの州にも夥しい数の G. がある。
　　各 G.の権限・予算は限られているとは言え自立的に個性を発揮できる。

産業： 食料自給率はほぼ 100 ％　商工業ともヨーロッパの中軸で失業率は低め。

人口密度等： メガシティー以外の人口密度は日本に比べ随分低い。移民率が高い。

人口動態： 北から南へ（産業とシニア層の嗜好）、東から西へ（東西ドイツ統一が背景）

住宅事情： 産業・文化教育・自然景観に恵まれた München は特に人気が高く住宅が
　　足りず家賃が高騰した。住居費は全国的に安く、冷房不要だが暖房費は北海道並み。

物価と食べ物： 豚肉料理が主流。夕食は質素。食品は元々安価でしかも消費税非課税。
　　食品以外は日独の価格差を感じない。ジャガイモとビールの消費量は年々減少。

文化芸術： 音楽の国。演奏者のメッカだがクラシックは若者に人気薄。またゲーテを
　　読むのは文学部の学生くらいのものとかで、私の周囲では村上春樹の方が読者多し。

教育：日本同様教育熱心な親御さんが多く「家庭教師などの費用がかかる」とぼやかれ
　　るが、日本はケタ違いだ。大学の学費は年３万円前後。しかも大学進学者は自州の
　　大学を選ぶのが今日でも一般的。（B 大は隣州の Niedersachsen 出身者が多いが）

うんちく・がんちく　その５３

逆さ直訳の薦め

翻訳本や学術レポート等を読んでいて「はてさて、何のこっちゃ？」と頭を捻る、
ぎこちない訳文に出会うことがありますよね。それでも文脈から読み取れれば一
件落着なのですが、残念ながら理解に至らない時はどうしましょうね。皆さんも
きっとお気づきのように、「この単語は元々〇〇だ」と直ぐに察せる自動翻訳機型
直訳日本語であるケースが大半。そこで、変だと感じる時はその部分を再度ドイ
ツ語に直訳。一旦戻して原作者の意図を汲めたところで自ら翻訳し直してあげれ
ば、原作者にきっと満足していただけるでしょう。しかし厄介ですねえ。一つの
単語が場によって様々な意味で用いられる。専門分野などでは門外漢が翻訳せざ
るを得ないことも屡々ある訳で、特に技術系の論文や報告などはその道の専門家
がしっかり校正しなくてはいけないと、振り返れば思い当たる節の数々。

あとがき　　普段着で談笑する仲間が増えて欲しい。

「ドイツ語を身近に感じたい！」との願いを込めた福読本『ドンと来い分離動詞』でしたが、地方小出版流通センター株式会社の御取り次ぎのお蔭で多くの大学図書館、ドイツ語学習者、教師の皆さまの手に渡りお読みいただきました。ドイツ語に付き纏う固いイメージが少しでも拭われたら嬉しく思います。

『ドンと来い分離動詞』に一貫した姿勢は『うんちく・がんちく』も併せ「易しく考える」「自分の殻を破り、話し掛けてみる」でした。最近ドイツで２年間学生生活を過ごしたのですが、留学生たちは仮に流暢でなくても快活に話し、話そうとしている。分からなければその場で訊き、会話を先に進める。そんな前向きの気持ちになるだけで話す量がドンと増え自然に上達するんですね。異国の職場や大学で、町で、本人自身が楽しめ、生活が明るくなり、加えて周囲から好かれます。

昨年（2017 年）秋帰国して感じたのですが、毎日１５分の NHK ラジオドイツ語講座ではネイティブがドイツ語を話す割合がグッと上がっていませんか？「ヒアリングの機会が少ない視聴者がドイツ語に出来るだけ長く触れられるように」という意図が伝わって来ますし、舞台は現代のドイツと日本。しかも口語で実用的に。

また、書店の語学コーナーを覗くと、書名がとても親しみやすくなりました。（『ドンと来い分離動詞』程ではないにしても）きっと読み易いと思いますし、お求めいただいたら家では是非気楽に大きな声で例文などお読み下さい。絶対お薦めです！

さて、読者諸兄のドイツ語を学ぶ動機、目標は何でしょうか。研究・仕事・趣味など様々でしょう（私はビール）。でも「人々の普段の暮らしに触れてみたい」想いはきっと誰にも共通で、外国語学習のモチベーションを高めてくれますよね。そこで今回は故郷にしたい北の村町を巡り地元に溶け込んだ紀行を添えてみました。

ところで、『報道（内容）は、記者、編集部、読み手と伝わって行く各段階で事実から乖離して行くので、一つの事実に迫る為にはいくつもの報道ルートを遡るべき。また、読み手の解釈・認識は様々であることが望ましい。そこにコミュニケーションが生まれ、事実の総合的・客観的把握に近づける』と、【メディアとコミュニケーションの地理学】が報道伝達メカニズムを解き明かしています。今回、北ドイツに住み、村町を歩き肌で感じた生の姿をカラッと描写しようと心掛けましたが、私もそんなメディアの本質から逃れることは出来ません。それに、そもそも故郷づくりの参考にしたいが為の探訪ですし想いも籠っています。しかし客観的叙述が常にベストとは言い切れません。ここは紀行。想いあればこそ、この村・町さらにドイツ語に興味を持っていただける活劇描写が出来、lebendig なコミュニケーションの輪が生まれるのではないか。いつか是非ご一緒に、語り合っていただけますか？

福読本　楽しんでいただけましたか？
～『ドンと来い分離動詞』2014年版あとがき

　ドイツ語のとっつきにくさを実感しているのは私ばかりではないでしょう。どうしてなんだろう？言葉に変わりないのにねぇ。かの地では誰もが話している。しかも超ハイスピードですよ！　英語を話す日本人は驚くほど大勢になりました。お隣の中国・韓国語学習人口も急増中。それなのに、敬遠される一方のドイツ語。文法が中心の講義に馴染めない、会話を学べる授業が少ない、NHKテレビドイツ語講座ではネイティブの会話を聞きたいのに、日本語会話が多すぎて、と、聞き・話す機会に恵まれない。そんな悪条件の下でも日本と接点の多いこの言葉を学びたい、話したいと希望している方々にどうアプローチしたら親しんでもらえる言葉になれるのだろう。そんな想いの籠った福読本が出来たらなあ（接続法Ⅱ式）。手始めに自分も手こずっている分離動詞をターゲットとして「話して幸せ」をモットーに、この本に取り掛かったのは、10年近く前、「自然復元ビオトープ独和・和独小辞典」発行の頃でした。2013年、「ドイツで語学留学」という夢が叶い、ゲーテで、また街で、材料をわんさと仕入れて帰国しました。そしてそこに心強い援軍が現れました。独日情報研究室カレンベルク大西先生です。全ページに目を通され多くのアドバイスと修校正をして下さいました。そしてこの福読本が仕上がりました。

　ドイツ語ってパズルのようでしょ？私自身にとっても証明問題を解くような楽しい執筆作業でしたし、皆さんもドイツ語の勉強に快感を得られるようになったのではないかと（一人）合点していますが、如何でしたか。その上「ヴォカブラが豊富になったし、ずっと話していたくなる」と言っていただければ喜びも一入です。更には「フランス語に鞍替えしようと思ったけれど、やっぱりドイツ語に魅かれるなあ」と思い直していただける方がおられれば飛び上がりたい気持ちです。乾杯！

　元気の源は家族、ドイツ語会話同好会、流域 NW、しぞーか防災カルタ委員会、自然環境復元協会、古き、新しき友人達。ゲッティンゲンを筆頭に G.I.のクラスメート達。明るい新語情報源は第二の故郷バイエルン州のシェンクさん、ご指導いただいたのは、日独ゲーテの諸先生方を始め元近畿大学大崎隆彦教授、恩師ヴェルズ先生、渡独の度にお世話になる北ドイツのミヒャエル、エファ、中北博士、今は亡きユルギン博士、杉山恵一先生、秋山恵二朗さん。日本の話芸にも助けられました。そして最後までお付き合いいただいた読者の皆様。

ありがとうございました。

Niedersachsen 山のない国

氷河と聞けば当たり前のように山、谷や川を思い浮かべる私たち。でもこの北ドイツには常識？が通用しない。なんと北海から南へ全国土の三分の一程、西から東まで、氷河に削られ均されまっ平。山間地はなく、トンネルもない。ここ Niedersachsen 州では州都 Hannover まで南下して、やっと南に山が見えてくる。平野なので日頃から交流が盛んだし、災害時にも村が孤立することはないが、反面で、個性には欠けるのではないか？が、そうにあらず。８００万人足らずのこの州（国）、９４４もの自治体が織りなす色模様。

1　Worpswede
2　Bad Bederkesa
3　Gnarrenburg
4　Celle
5　Cuxhaven
6　Steinhude
7　Wilhelmshaven
8　Amt Krempermarsch
9　Syke
10　Nordenham
11　Leer
12　Brokeloh
13　Wolfenbüttel
14　Delmonhorst
15　Sögel
16　Apen
17　Wildeshausen
18　Bremen
19　SG. Geestequelle

第2章：会話術虎の巻　うんちく・がんちく　一覧

1	ギョエテとは、俺のことか？とゲーテ言い	S.12
2	話すが肝心	S.14
3	大きな声で間違えよう	S.15
4	言葉は短く　〜　夏目漱石を見習おう	S.18
5	動かぬ証拠、動かぬ動詞は2番テーブル	S.19
6	離れがたいカップルであればこそ、遠距離恋愛　〜　枠構造	S.38
7	性の功罪　〜　男女はまだしも中性とはこれ如何に	S.39
8	「いつ？が先、どこ？が後」「軽いが先、重いが後」は、日独同じ	S.50
9	過去を振り返ることなかれ　〜　現在完了形の勧め	S.52
10	接続法は法にあらず　〜　日々使う、耳にする4パターン	S.54
11	ご機嫌取りなどに重宝な　sollte（接続法II式）	S.55
12	二卵性姉妹　〜　不規則の自動詞、規則の他動詞	S.68
13	do（英語の疑問や否定に登場）のない世界	S.70
14	外来語は世界共通！！？？	S.76
15	getimet　って…??!	S.78
16	keine Kinder になる不思議　〜「いない」　のに複数とは合点がいかず	S.80
17	「時間、空間、数量、程度の形容詞」＋ 4格（Akkusativ）副詞的独立用法	S.81
18	格に効用あり、嫌うべからず	S.92
19	かのスイスでは「…の」2格は絶滅！！？？	S.93
20	なまってるよ！キミ。ウムラうキミ	S.96
21	Du, Ihr　新参者には10年早いわな	S.97
22	話法の助動詞を嫌うべからず　〜　使い勝手良し、処世に必須	S.104
23	話法の助動詞〜現在完了形の姿は安楽、安泰…そのまんま過去分詞役	S.105
24	セットで覚えてネイティブ気分に　〜　再帰動詞に連れ添う前置詞	S.110
25	前置詞に悩まず、冠詞に動ぜず	S.111
26	思い起こせよ文の型　〜　主動補目その基本組み合わせ5通りしかなく	S.114
27	"機関銃女子 "と秘かに名付けた　F 嬢の物語	S.115
28	in + dem = im　　in + das = ins　なのになぜ in + der は一緒になれない？	S.118
29	関係代名詞。「…であるところの」と訳させられたものだった	S.122
30	「regelmäßig aber mäßig.」	S.123
31	Ich habe eine Frage !!	S.126
32	不規則変化動詞の過去分詞から特徴発見！	S.138
33	ブーメラン炸裂せず	S.139
34	分離・非分離、どちらかに決めてよ！とお願いしたい動詞もありまして	S.140
35	国（Land）が違えば習慣も違う。言葉さえも	S.147
36	お頭（かしら）はいつも大事に　〜不規則変化しない基礎動詞の頭文字は？	S.150
37	犬は人になつく。方言も然り	S.152
38	Universität Bremen 海洋環境科学センター日本人研究者 K さんの鋭い指摘	S.154
39	読み上げ算　z.B..　386　dreihundertsechsundachzig	S.156
40	山の高さ（地質学教授の講義から）	S.159
41	「あっ、言い間違えた！」時、どうする？	S.161

42	Weißwurst 名物料理をどう食すか？	S.163
43	心地よい挨拶　～北と南と	S.165
44	「1dm 8cm 3mm」 とは何ぞや？日本では「18．3cm」．	S.167
45	Ich ging． はたまた Ich bin gegangen．	S.169
46	日常使いに、短く便利な４表現	S.171
47	Was meinen Sie？	S.173
48	„der Wunsch“ なのに動詞は „wünschen“	S.175
49	手書きに思う	S.177
50	動詞から en を外して名詞に。性は如何？	S.179
51	学術専門用語は女性名詞が圧勝	S.181
52	an der Universität	S.183
53	逆さ直訳の薦め	S.194

うんちく・がんちく　番外編

失敗に懲りず、一生の宝に
Hamburg 州政府に、ある法律の運用実態をお聞きしに訪問した時の大失敗をお話ししましょう。もう、ふた昔前、まだ若手の公務員だった頃のことですが。
担当部署に面談依頼文書を送るに当たって文中で当然、自己紹介しなくてはなりませんね。「Bürovorsteher」と。すると、面談受け入れの文書が届き「質問票を基に２時間、担当者がインタビューに応じます」。ついふた月前、Goethe Institut の口頭試問試験官に「えっ、一人で役所訪問する？冒険ですねえ」というお言葉を頂戴したドイツ語レベルを顧みず、勇んで面談に出向き、担当者 A さんには昼食抜きで４時間もお教えいただいた。そして、最後に「明日は通商局長がお待ちしています」と。こちらは一介の駆け出し職員。身に余る光栄ではあっても、そんなそんな。。「血の気が引く」という言い回しがありますよね。その時、ああホントだなあと冷え冷えと実感しました。頭から肩、肩から胸へスーッと血液が下がって行くんです。実はその有難いお話については先に「局長との面会は分不相応ですから」と辞退の手紙を出してあったのに、秘書が昨日まで夏休みで読んでいなかった。予約がそのまま生きている。A さんが彼にその場で電話。「ええっ！局長の明日のアポを取り消すなんて出来ません。絶対に来ていただかなくては困ります！」A さんの困り果てた顔を見るにつけ覚悟を決め、その晩は必死に明日の面会に向け S 県紹介などの話題作りと独訳、台詞の発声練習。さて、翌日。お土産を持って局長室前室の秘書室ドアを開けた途端に目に飛び込んだのが日本人形だった。嬉しかった！このお人柄なら何とか打ち解けられるだろうと一気に緊張が解けた。「局長、私は VW GOLF に乗っています」と冒頭。即座に局長「私は HONDA　ACCORD です」と。また、私のドイツ語の至らないところは部下の課長さんが「そこは furchtbar ではなく Ich habe Angst davor. が正しい言い回しですね」などと微笑みながら訂正したりして和やかな１時間。かけがえのない訪問だった。でも、捻じれてしまったその元凶は私にあり。依頼するに当たって私の職名「主事」を和独辞典で引き「Bürovorsteher」と独訳。「成程、平職員は事務所の前の方に立っているから、その通り」と合点していた私。「局長さんが面会？おかしい」と独和辞典で Vorsteher を引くと、職員全員の前に立つ、即ち「代表者」という意味なのだった。

別　表

分離の前綴り　一覧

ab	分離、遮断、奪取、下へ、模倣、否定、変化、転移、完了、減少、消滅、損傷、疲弊
an	接近、接触、動作の開始、持続、強調
auf	上方へ、上面における存在、行為への刺激、復旧、終結、開放等
aus	外へ、外に、終了、完成、中止、除外、延長、発現、選択
auseinander	(相互に)別れて、(互いに)離れて、分離(分解)して、お互いから
bei	付近、接近、側へ
da	そこに、その時に、そのころ、だから
dar	(分離動詞の前綴りとして)譲渡、提出
durch	動詞の表す動作の、貫徹、終結、突破、損傷
ein	(分離動詞の前綴りとして)内へ、状態変化、減少、内在、破壊
entgegen	…に向かって、…の方へ、…に反対して
fest	固体の、堅い、固定した
fort	前方へ、引き続き、去って、なくなって
frei	自由な、率直な、空席の、広々とした
gegenüber	…の向かい側に、相対して
heim	家へ、故郷へ、本国へ
her	話者への方向、起源、整理、機械的進行
herein	(こちらの)中へ
heran	こちらへ近く
heraus	(こちらの)外へ
herbei	こちらへ、此処へ
hervor	前の方へ、外へ
hin	そこへ、あちらへ、去って、終わって、消えて、沿って、長引いて
hinein	中へ、内へ
hinzu	そこへ、付け加えて
hoch	高い
kennen	知っている、認める、識別する
mit	共同、同伴、関与、共通、同時
nach	方向・目標、後から、後続、追及、以後、反復、模倣、準拠、劣等
nieder	下へ、下に、感情や状態の悪化、打倒、執筆、就寝、低地
statt	…のかわりに
stehen	立つ
teil	部分、一部、分け前、配当
über	越えて、彼方へ、門、被覆、反復、省略、無視、優勢、移転、拡張、委任
übrig	残りの、余った
um	周囲、点在、迂回、回転、転倒、移動、変化、喪失、損失、時間の経過
unter	下に、下へ、従属、ある程度以下、介在、混入、遮断、中心、扶助
vor	前方へ、予め、面前で、模範として、先にたって、優勢
voraus	先に、優れて、特に、前もって
vorbei	通り過ぎて、過ぎ去って
vorüber	通り過ぎて、済んで
wahr	真実の
weg	除去、離れ去る
weiter	より広い、より遠い、その他の
wieder	再び
zu	閉鎖、方向、運動、促進、授与、帰属、添加、被覆、接近、合流、追加、継続
zurück	後方へ、もとへ、残って、戻って、停滞して、軽視して、下位に、

参考文献一覧

Robert Schinzinger（1972）　『現代独和辞典』　三修社

Robert Schinzinger（1980）　『現代和独辞典』　三修社

奈良文夫（1992）　『ドイツ語基本重要単語 4000 』　昇龍堂

早川東三　編著（2009）　『Daily Concise Wörterbuch Deutsch 』　三省堂

Günther Drosdowski 編纂委員会（1983）　『Deutsches Universal Wörterbuch 』　Duden

Editors: Roswitha Morris, Robin Sawers（2001）　『The Oxford Colour German 』　Oxford University Press

Dr. Phil. Franz Eppert 『Grundwortschatz Deutsch 』．独日情報研究室

渡水久雄（2006）　『自然復元ビオトープ独和和独小辞典』　駿河台ドイツ語工房

木佐茂男（1996）　『豊かさを生む地方自治』　日本評論社

Peter Frank　他（2012）　『Staatsbürger-Taschenbuch 』　Verlag C.H.Beck

Lothar Eichhorn 他（2004）　『Das Land und seine Regionen 』

　　Herausgeber:　Niedersächsisches Landesams für Statistik

　　　　　　　　　Niedersächsisches Institut für Historische Regionalforschung

Webseite　　ドイツ連邦共和国食料、農業及び消費者保護省（2011）　『Unser Dorf hat Zukunft 』

他にも多くの書籍等を参考にさせていただきました。

著者紹介

　渡水　久雄（わたみず　ひさお）

　現在　駿河台ドイツ語工房主宰　しぞーか防災かるた委員会会員　自然環境復元協会・学会会員

　著書

　　単著　自然復元・ビオトープ独和・和独小辞典　　駿河台ドイツ語工房
　　　　　ビオトープポケット独和小辞典　　　　　　駿河台ドイツ語工房
　　　　　ドンと来い分離動詞　　　　　　　　　　　駿河台ドイツ語工房
　　共訳　道と小川のビオトープづくり　　　　　　　集文社
　　共著　静岡県の湧き水１００　　　　　　　　　　静岡新聞社
　　　　　自然環境復元研究第１巻第１号　　　　　　大学図書・信山社サイテック
　　　　　しぞーか防災かるた及び解説集　　　　　　同委員会

表紙　　たかやま　みほ
挿絵　　たかやま　みほ
写真　　渡水　久雄
アドバイス（語法）　　Verena Calenberg　大西
巻頭言独訳　Verena Calenberg 大西　　平田貴子（2014 共訳）
協力　　渡水　三枝子
　　　　ドイツ語会話同好会　メンバー
　　　　山内薫明　松久真弓　村松春葉　遠藤華英　青野恵　近藤伊都子
　　　　佐藤光　内海登　成瀬雅代

::::::::::::::::::::::ドンと来い分離動詞増補新版::::::::
会話術虎の巻うんちく・がんちく５３
　　新章：北海間近 Niedersachsen 小故郷を探す旅

　　　2019 年 2 月 3 日　初版第 1 刷発行

　　　　　　著　者　渡水久雄
　　　　　　発　行　駿河台ドイツ語工房
　　　　　　　　　　静岡県藤枝市駿河台 2 丁目 13-1
　　　　　　　　　　Tel, Fax 054-641-5910
　　　　　　　　　　Mail：watamizu@web.de
　　　　　　　　　　montsukitatta-2@ck.tnc.ne.jp

　　　　　印刷・製本　　有限会社　ニシダ印刷製本
　　　　　落丁本、乱丁本はお取替えいたします
　　　　　ISBN　978-4-9902734-3-9　C1084
　　　　　Printed in Japan
　　　　　価格はカバーに記載